Gisela Preuschoff · Kleine Augenblicke der Liebe

Gisela Preuschoff

Kleine Augenblicke der Liebe

Vom achtsamen Umgang in der Familie

Kösel

*Ein neues Gebot gebe ich euch: Liebt
einander! Wie ich euch geliebt habe,
so sollt auch ihr einander lieben.*

Johannes 13, Vers 34

© Kösel-Verlag GmbH & Co., München
Printed in Germany. Alle Rechte vorbehalten
Druck und Bindung: Kösel, Kempten
Umschlagillustration: Monica May, München
Umschlaggestaltung: Elisabeth Petersen, München
ISBN 3-466-30487-3

1 2 3 4 5 · 03 02 01 00 99

Inhalt

Rituale der Stille   139

Literatur   156

Einleitung

Alle Menschen sehnen sich nach Liebe. Ohne Liebe können wir Menschen nicht gedeihen, genauso wie Pflanzen Erde, Sonne und Wasser für ihr Wachstum brauchen. Eigentlich ist das alles ganz einfach.

Für viele Menschen ist es aber gerade nicht einfach, Liebe anzunehmen und Liebe zu geben. Normalerweise knüpfen wir unzählige Bedingungen an die Liebe. Pflanzen tun das nicht. Sie *sind* einfach.

Wir denken: Wenn mein Mann nicht diese Angewohnheit hätte, könnte ich ihn lieben. Wenn meine Frau nicht immer jenes täte, wäre unser Problem gelöst. Wenn ich meinem Kind dieses oder jenes nicht hundertmal sagen müsste, würde ich es lieben.

Wir sind auch misstrauisch, wenn uns jemand Liebe gibt. Was will er oder sie damit erreichen? Welchen Preis muss ich dafür zahlen?

Oder aber wir wissen gar nicht mehr, wie sich Liebe anfühlt oder was Liebe ist. Sind wir vielleicht nur noch aus Gewohnheit mit unseren Nächsten zusammen?

Ich habe dieses Buch geschrieben, weil ich glaube, dass wir alle mehr Liebe in unser Leben bringen können, wenn wir es nur wollen.

Kann es eine Anleitung zum Lieben überhaupt geben, werden Sie sich vielleicht fragen. Ich glaube schon. Ich habe einige der hier beschriebenen Verhaltensweisen ausprobiert – und es hat funktioniert. Ich habe anderen empfohlen, sich ähnlich zu verhalten, und sie haben etwas Neues entdeckt. Rezepte für mehr Liebe? Warum eigentlich nicht? Bei einer Gemüsesuppe muss man sich zunächst um die Zutaten kümmern. Das ist gar nicht so einfach und kostet Geld. Für die Zubereitung einer »Liebessuppe« sind die Zutaten oft bekannt und sie kosten nichts. Es ist nur so schwer, das Notwendige zu finden, und wir können uns meist nicht überwinden, mit dem Kochen anzufangen.

Sie dürfen sich ruhig Zeit lassen. Wenn Sie aber irgendwann anfangen, die »Rezepte« in diesem Buch auszuprobieren, wird sich in Ihrem Alltag etwas ändern. Da bin ich ganz sicher.

Was ist überhaupt Liebe?

L iebe ist ein Gefühl, denken viele. Wenn man jemanden liebt, spürt man ein Kribbeln oder man wird von einer schönen, wohltuenden Empfindung durchströmt, die im Körper, in der Seele und auch im Geist spürbar ist. Für mich ist Liebe noch mehr. Sie existiert auch außerhalb von mir selbst, außerhalb der Menschen. Sie ist eine Kraft, und zwar die stärkste Kraft, die im Kosmos wirkt. Liebe ist die Energie, die alles wachsen lässt, die uns am Leben erhält, die unser Schicksal lenkt und uns durch den Tod führt. Wir können diese Kraft auch Gott nennen, wenn wir uns darunter nicht eine Person, sondern ein großes, von Liebe getragenes Wirken vorstellen, einen großen Geist, wie indianische Völker dieses Wirken benannt haben.

Wenn wir uns nicht dagegen sträuben, fließt Liebe durch uns hindurch, sie ist allgegenwärtig, immerdar.

Die meisten von uns kennen dieses schöne Gefühl aus der Phase der Verliebtheit. Wenn man sich verliebt hat, werden alle gewöhnlichen Probleme völlig unwichtig. Wir schweben auf »Wolke sieben«, Essen und Trinken werden nebensächlich, und wir haben das wunderbare Gefühl, mit dem Liebsten oder der Liebsten zu verschmelzen, eins zu sein.

Dieses Gefühl ist oft abgewertet worden, denn erfahrene Menschen wissen, dass dieser Zustand immer nur von kurzer Dauer ist. Wenn ich erst einmal die »Macken« meines Partners entdecke, werde ich ärgerlich: Muss er so unpünktlich, konservativ, unordentlich, gedankenlos, unachtsam, leicht erregbar, unsportlich, prahlerisch oder was auch immer sein? Warum ändert er sich nicht so, dass er mir gefällt?

Ein anderes Beispiel: Wenn ich viele Nächte nicht richtig schlafen kann, weil mein geliebtes Baby nur noch brüllt, kommen schreckliche Gedanken in mir hoch, und der Wunsch, mich wenigstens für Stunden von diesem schreienden Monster zu trennen, wird immer lauter. Da ist nichts mehr mit Verschmelzung. Wir sind dann Gegner.

Es ist zwar richtig, dass sich der wunderbare Zustand des Verliebtseins nicht auf Dauer aufrechterhalten lässt. Gerade deshalb sollten wir ihn jedoch besonders wertschätzen und achten. Er trägt den göttlichen Funken in sich, die Energie der Liebe. Es ist, als ob der Vorhang reißt und wir für einen Augenblick ins Paradies schauen dürften. Der Zustand der Verliebtheit zeigt uns, dass es möglich ist, eins zu werden. Eins mit allem, glückselig, heil.

Im Alltag erleben wir immer wieder solche Augenblicke. Wenn unser neugeborenes Kind uns zum ersten Mal sein »Engelslächeln« zeigt, schmelzen wir dahin. Wenn unser Partner oder unsere Partnerin völlig überraschend einen ganz liebevollen Satz zu uns sagt, wendet sich das Blatt. Wenn wir in der Natur zufällig einen schönen Sonnenuntergang sehen oder an einer Blüte riechen, die uns betört. Wenn wir zwei spielende Kätzchen beobachten oder wenn unsere Tochter das Radfahren gelernt hat. Wenn uns ein Kind in die ausgebreiteten Arme fliegt und unser Mann eine Überraschung mitbringt. In all diesen Situationen kehrt für einen Augenblick Glückseligkeit ein. In diesem Zustand fühlen wir die Kraft der Liebe ganz deutlich.

Ich möchte Ihnen zeigen, wie Sie dieses Gefühl öfter erleben können. Das ist leichter, als Sie vielleicht glauben. Denn Liebe ist da, sie ist im Überfluss vorhanden, kostet nichts und ist allgegenwärtig – wenn wir offen für sie sind.

Erfahrungen, die sich der Liebe in den Weg stellen

Wenn wir selber es auch nicht erlebt haben: Jedem von uns sind genug Beispiele für Grausamkeit, Ungerechtigkeit und sinnlose Zerstörung bekannt. Jeder kennt außerdem seine eigene Wut, seinen Hass, seine Verzweiflung und seine Verletztheit.

Wo bleibt da die Liebe?, fragen wir uns.

Wenn wir aussortieren und abgrenzen, nehmen wir die Liebe nicht wahr. Wir teilen die Welt in Gut und Böse ein. Wir wollen gut sein und erleben dauernd, dass wir »böse« sind. Als Kind hat mich diese Vorstellung von Gut und Böse ungeheuer fasziniert. Ich schaffte es einfach nicht, nur gut zu sein, dabei wollte ich es doch so gern! Im alten Jerusalem glaubten die Juden, wenn sich nur einen Tag lang alle an Gottes Gebote hielten, käme der Messias und wir wären erlöst. Wir kämen dann schnurstracks ins Paradies. Die Gebote sind aber so schwer einzuhalten: Wir dürfen nicht neidisch sein; wir dürfen nicht das haben wollen, was andere haben; wir sollen unsere Eltern ehren, auch wenn sie uns schlecht behandeln. Und so weiter. Aus diesem Grund haben die meisten Menschen ständig das Gefühl, schlecht zu sein. Diesem Gefühl entspringt aber meist nichts Gutes. Statt über unsere Sünden nachzudenken, sollten wir meiner Meinung nach lieber die Liebe in uns ausdehnen und mit ihr auch das so genannte »Böse« durchdringen. Die Liebe ist wie die Sonne, die mit ihren Strahlen alles erwärmt ... Liebe kennt keine Grenzen.

Die Dualität, die Aufteilung der Welt in Gut und Böse, ist das Gegenteil der Liebe. In der Liebe ist alles eins. Wir sind mit allem verschmolzen. Wir sind eins mit den anderen und eins mit der Natur. Einheit ist der Zustand der Glückseligkeit. Wenn wir anfangen, zu bewerten und auszugrenzen, uns abzusondern und andere auszusortieren, wenn wir urteilen und verurteilen, ist es mit der Liebe vorbei.

Erstaunlicherweise spielt es keine Rolle, ob wir andere verurteilen oder ob wir uns selbst verurteilen. Beides wirkt gleichermaßen zerstörerisch. Normalerweise sehen wir ja den Stachel im Auge des anderen, aber nicht den Balken in unserem eigenen Auge. Wir projizieren das, was wir an uns selber nicht mögen, auf unser Gegenüber. »Wie unfähig ist dieser Mann – und wie gut bin ich selbst! Trennen wir uns also.«

Trennen, abtrennen, aussondern ist unsere Art, auf das »Böse« zu reagieren. Wir stecken nicht nur Verbrecher ins Gefängnis, nein, wir sperren auch unsere eigenen, inneren Kriminellen in den Knast. Wir glauben, eine heile Welt zu erschaffen, und erkennen gar nicht, was wir damit anrichten. Wir verhindern auf diese Weise nur die Liebe! »Verzeihen ist die beste Rache«, las ich neulich in der

Eisenbahn. Das stimmt. Ich habe mir angewöhnt, Menschen, über die ich mich geärgert habe, gute Gedanken zu schicken. Das gelingt mir zwar nicht immer sofort, aber es ist der Mühe wert. Von Klaus Vopel stammt die Idee, sich seinen Ärger als ein schönes wildes Tier vorzustellen. In einer Phantasiereise schlägt er vor, sich die Person, über die man sich geärgert hat, zunächst auf einer imaginären Leinwand vorzustellen. Hat man sie vor Augen, wendet man sich bewusst von ihr ab und wendet sich dann dem eigenen Ärger zu. Diesen stellt man sich als Tier vor.

Als ich die Übung ausprobierte, sah ich einen wunderschönen schwarzen Panther. Er ist mein Freund geworden. Manchmal schlüpfe ich in seine Haut.

Das folgende Beispiel mag veranschaulichen, dass wir durch Ausgrenzung nicht weiterkommen und dass sich dadurch nichts bessert.

Nehmen wir einmal an, der zehnjährige Jonas ist wieder mit seinen besten Lederschuhen in den Matsch gegangen, obwohl ihm seine Mutter das verboten hat. Sie bestraft ihn, indem sie ihn in sein Zimmer schickt und ihm eine Woche Stubenarrest erteilt.

Was glauben Sie, was in Jonas bei dieser Strafe vorgeht? Ich vermute, dass er sich schlecht und schuldig fühlt und dass er auch sehr wütend über die Strafe ist. Wenn er ein Erlebnis wie das eben beschriebene häufiger hat, wird er irgendwann anfangen, sich und andere zu hassen. Und dieser Hass wird in Wut und vielleicht auch in Gewalt enden. Ganz sicher wird dadurch auf Dauer sein Selbstwertgefühl geschädigt, er wird sich schlecht und unwürdig statt wohl und geliebt fühlen. Auf diese Weise erzieht man Menschen, die anderen »Böses« zufügen.

Es heißt: »Lieb das Böse gut.« Wir wissen auch, dass Liebe alle Wunden heilt. Aber es ist so schwer zu lieben, wenn sich jemand so böse oder schlecht verhält! Jesus hat sich in schon damals schockierender Weise mit den Untersten und Übelsten an einen Tisch gesetzt. Aber – sind wir Jesus?

Wir sind insofern Jesus, als auch wir in jeder Sekunde entscheiden können, was wir denken und was wir tun. Wie wir mit unseren Kindern reden und wie wir uns ihnen gegenüber verhalten.

Natürlich ist es nicht in Ordnung, mit Lederschuhen in den Matsch zu gehen. Wie wäre es, wenn Jonas' Mutter wie folgt reagieren würde: »Oh Jonas! Deine Schuhe! Hast du vergessen, dass die aus Leder sind?« »Mama! Ich wollte gar nicht in den Matsch gehen. Aber dann ist mein Ball nach hinten geflogen und ich musste ihn unbedingt wiederhaben.«

»Aber Jonas! Für solches Wetter hast du doch Gummistiefel. Was machen wir denn jetzt? Hast du eine Idee?« »Ich kann die Schuhe ja wieder sauber machen!« »Okay. Und dann musst du dir noch überlegen, wie du es das nächste Mal schaffen kannst, bei Matschwetter Gummistiefel anzuziehen. Hast du da eine Idee?«

Unsere Entscheidungsfreiheit hat immer mit *Innehalten* zu tun. Innehalten können wir in jenen

Sekunden, bevor wir handeln, wie wir bisher oft automatisch gehandelt haben. Wir können die Chance für einen Augenblick der Liebe ergreifen. Wir haben die Wahl, entweder mit diesen automatischen, manchmal grausamen Verhaltensweisen fortzufahren. Verhaltensweisen, die uns so vertraut und angenehm erscheinen, weil wir mit ihnen aufgewachsen sind. Oder wir können diese Verhaltensweisen aufgeben und versuchen zu durchschauen, was gerade jetzt und hier in uns vorgeht: »Was will ich jetzt gerade tun? Warum reagiere ich so heftig? Wohin wird mein Verhalten führen? Was brauchen mein Kind oder mein Partner gerade jetzt? Wie könnte ich mich anders entscheiden?«

Kennen Sie den Spruch »Liebe mich dann, wenn ich es am wenigsten verdient habe, denn dann brauche ich es am dringendsten«? Ich kenne und bewundere eine Schulleiterin in Berlin, die sich bemüht, danach zu handeln. Wenn wir anfangen, auch uns selbst – genau wie andere – in ärgerlichen Situationen zu lieben, wird sich die Welt in einen freundlichen Ort verwandeln. Probieren Sie es!

Ich zum Beispiel mag meine Wut nicht. Ich möchte stets freundlich und gelassen sein. Neulich kam meine Pflegetochter nach Hause und schrie unseren Hund an. Vermutlich hatte sie Ärger in der Schule gehabt und war wütend. Wie von der Tarantel gestochen, stürzte ich aus dem Haus und schrie: »Hier werden keine Tiere angebrüllt!« Meine Pflegetochter zog sich daraufhin zurück. Wenig später wurde mir klar, was ich da getan hatte. Ich suchte sie und sagte zu ihr: »Entschuldigung. Ich möchte auch nicht, dass hier Kinder angebrüllt werden, und habe es dennoch getan. Das tut mir Leid.« Sie lächelte ein wissendes Lächeln, das ich so schnell nicht vergessen werde.

Wenn wir auf die Welt kommen, empfangen wir normalerweise viel Liebe von unseren Eltern. Manche Menschen müssen allerdings schon im Mutterleib die Erfahrung machen, abgelehnt zu werden, und manche von uns werden auch als Babys vernachlässigt oder sogar misshandelt. Solche Erfahrungen prägen sich ein und bleiben oft ein Leben lang in uns gespeichert. Es fällt Menschen mit einem solchen Schicksal unendlich schwer, Vertrauen in die Liebe zu entwickeln, und meistens brauchen sie Hilfe von anderen Menschen, um sich von ihrer tief sitzenden Angst zu befreien. Einige dieser Menschen werden selber gewalttätig und kriminell. Wenn man sich mit der Lebensgeschichte von Mördern oder brutalen Menschen vertraut macht, wird man meistens feststellen, dass sie selber Torturen erlitten haben, folterähnlichen Qualen ausgesetzt waren.

Wenn Menschen schlecht behandelt werden, behandeln auch sie andere oft schlecht. Wahrscheinlich reicht dann ein ganzes Leben oft nicht aus, um zu erfahren, dass es noch andere Verhaltensweisen gibt als solche, die wehtun und unglücklich machen.

Manche Menschen sind von einer tief sitzenden Bitterkeit erfüllt: »Keiner mag mich, alles geht in meinem Leben schief, nichts kann mir gelingen.« So der Kreislauf ihrer Gedanken. Wer sehr oft so denkt, hat eine negative Ausstrahlung, die dann auch wohlmeinende Menschen abstößt. Auf diese Weise wiederholt sich die schlechte Erfahrung immer wieder.

Auch wenn es sich hierbei um Extrembeispiele handelt, hat doch jeder von uns irgendwann die Erfahrung gemacht, dass die elterliche Liebe ihre Grenzen hat. Irgendwann fühlt sich jedes Baby allein und jedes Kind unverstanden. Wir erleben uns als getrennt und machen die schreckliche Erfahrung, allein gelassen und abgelehnt zu werden. In den meisten Fällen kommen jedoch die Eltern zurück und trösten uns. So helfen sie uns, die Trennungsphasen als vorübergehend und erträgbar zu erfahren.

Wenn nicht, wird die Welt für uns zu einem schrecklichen Ort und wir entwickeln die Tendenz zur Rache: »Wie du mir, so ich dir!«

Gedanken und Sätze wie »Das lasse ich mir nicht gefallen!«, »Dem werde ich es zeigen!« oder »Mit mir nicht!« kehren dann später in unserem gequälten Hirn immer wieder.

Alte Verletzungen tauchen immer wieder auf. Besonders dann, wenn wir sie nicht gebrauchen können. Es ist in solchen Situationen hilfreich, sich selber gut und freundlich zuzureden, wie eine fürsorgliche Mutter es tun würde. »Die alten Zeiten sind vorbei! Atme erst mal tief durch. Es ist alles in Ordnung und du bist ein erwachsener, fähiger Mensch. Du bist eine Königin mit gütiger

Macht über dein eigenes Reich. Und du wirst geliebt. Auch und gerade jetzt!«

Erst wenn wir begreifen, dass der Zustand des Getrenntseins nur vordergründig ist und hinter den Kulissen unseres täglichen Dramas die allumfassende göttliche Liebe *ist*, können wir uns beruhigen und diese negativen Gedanken loslassen.

Hilfreich ist es auch, sich klarzumachen, dass wir solche Gedanken und Gefühle zwar haben, dass wir diese Gedanken und Gefühle aber nicht *sind*. Wenn wir uns nicht mit ihnen identifizieren, können wir allmählich lernen, dass sie nicht »die Wahrheit« sind. Ein Gedanke ist nur ein Gedanke – und mehr nicht. Wir können ihn loslassen, genauso, wie wir ihn kommen ließen. Und unsere Gefühle können wir verwandeln, wenn wir sie erst einmal akzeptiert und angenommen haben.

Diese Haltung kann allerdings nur ein erwachsener Mensch einnehmen. Kinder sind dem Verhalten ihrer Eltern schutzlos ausgeliefert. In der Regel entwickeln sie bei ablehnendem Verhalten Auffälligkeiten, die zu noch mehr Ablehnung führen. Manchmal werden Therapeuten eingeschaltet, die jedoch nur dann etwas bewirken können, wenn auch die Bezugspersonen zu Verhaltensänderungen bereit sind. Der erste Schritt muss immer darin bestehen, als Erwachsener auf das Kind zuzugehen und ihm Beachtung und Zärtlichkeit zu schenken. Indem wir Achtsamkeit üben und wirklich bei dem Kind sind, es wahrnehmen mit seinen Gefühlen und Reaktionen, können wir die Beziehung heilen und gleichzeitig etwas über uns selbst erfahren.

Die Sprache der Annahme drückt sich vor allem körperlich aus und gerade ungeliebte Kinder sehnen sich nach Berührung und Zuwendung. Wenn wir mit einem Kind, das sich abgelehnt fühlt, spielen und ihm zuhören, wächst sein Vertrauen. Wenn wir das Kind mit seinen Äußerungen und Bedürfnissen ernst nehmen und auch unsere eigenen Bedürfnisse beachten, werden wir Kompromisse im Zusammenleben finden und uns dem Ziel der gegenseitigen Akzeptanz nähern. Wir können dem Kind dann seine Eigenständigkeit und Eigenart lassen und es genauso wie uns selbst als Teil eines großen Ganzen achten und ehren.

Stellen Sie sich einmal Ihre Familiensituation als Drama auf einer Theaterbühne vor. Wie in jedem Drama gibt es positive und negative Helden, angenehme und unangenehme Rollen. Nach dem Stück gilt unser Applaus allen Schauspielern – auch jenen, die auf der Bühne in die Rolle von Bösewichten geschlüpft sind. Schließlich sind sie für den Ablauf des Stückes unerlässlich. Niemand käme auf die Idee, einen bekannten Schauspieler zu verachten, nur weil er einen Mörder oder Halunken spielt. Wenn wir den Menschen, die in unserem Leben eine »schlechte« Rolle spielen, die gleiche Achtung und Anerkennung entgegenbringen wie den Schauspielern auf der Bühne, entdramatisiert sich die Lage. Ohne das Böse könnten wir das Gute nicht erkennen und unser Drama hätte keine Handlung. Wie langweilig wäre das Leben ohne dramatische Höhepunkte! Stellen Sie sich vor, Sie hätten die Rolle, die Sie im Leben spielen, freiwillig angenommen, um eine neue wichtige Erfahrung zu machen.

Wenn wir aufhören, andere für ihr Verhalten zu verurteilen, können wir zu uns selbst, zu unseren Kindern und unserem Partner wieder eine Verbindung herstellen, die zu Akzeptanz, Wohlwollen und schließlich zu Liebe führt.

Was kann ich tun, um mich angenommen und geliebt zu fühlen?

Die größte Entdeckung meiner Generation ist, dass ein Mensch sein Leben ändern kann, indem er seine Einstellung ändert.

William James

Diese Frage ist nur allzu berechtigt und ihre Beantwortung müsste zu umfassenden Veränderungen führen. Denn wenn sich jeder Mensch wirklich angenommen und geliebt fühlte, wäre unsere Welt ein freundlicher Ort.

Den Zustand des Geliebtseins können wir durch Meditation im weitesten Sinn erfahren. Wenn wir still und offen werden, können wir erleben, dass die äußere Welt das eine ist, die innere Welt das andere. In ihr wohnt das Einssein. Meditation muss nicht unbedingt stilles Sitzen heißen. Wenn jemand hingegeben auf einer Geige spielt und die Welt um sich herum vergisst, wird dieser Zustand ähnlich sein. Jemand anderes mag in der konzentrierten Beschäftigung mit einer Pflanze oder beim Angeln vergleichbare Erlebnisse haben. Wenn eine Mutter ihr Kind stillt oder ein Vater nachts mit dem Baby auf dem Arm auf und ab geht, sind meditative Erfahrungen möglich. Entscheidend ist, offen zu sein.

Heute ist das Leben der meisten Menschen auf Ablenkung ausgerichtet. Wir sollen ohne Pause konsumieren – materielle Güter, Informationen, scheinbare Genüsse aller Art. Auf diese Weise merken wir gar nicht, wie wir uns immer mehr von unserem Glück entfernen. Viele erleben dieses Gefühl als »keine Zeit haben«. Wenn wir einmal überprüfen, womit wir unsere Zeit vertun, werden wir feststellen, dass es fast immer um Ablenkung geht. Wir haben wirklich keine Zeit für das Wesentliche, weil wir dem Unwesentlichen zu viel Bedeutung beimessen.

Dies ist kein individuelles Problem. Fast alle Menschen müssen zum Beispiel enorm viel Zeit dafür aufbringen, ihre Wohnung zu finanzieren. Gerade Familien müssen sich oft zwischen ausreichendem Wohnraum und bescheidenem Wohlstand entscheiden. Dass es so weit gekommen ist, können wir nur als das Ergebnis eines langen gesellschaftlichen Prozesses begreifen, der in dem Augenblick begann, als die Menschheit die materielle Entwicklung der geistigen vorgezogen hat.

Niemals lässt sich die Geschichte zurückdrehen. Wir können uns jedoch in jeder Sekunde neu entscheiden. Wir können uns daran erinnern, was uns gut tut. Wir können *entscheiden, was heute wichtig ist.*

Ich selbst ertappe mich zum Beispiel dabei, die Fülle an Informationen, die mir der Briefträger täglich ins Haus bringt, gründlich zu durchforsten. Allein das tägliche Werbematerial anzuschauen kostet Zeit. Auch wenn ich gar nichts brauche, so denke ich, könnte ich etwas verpassen, weil ich ja vielleicht doch etwas brauche und ein günstiges Angebot übersehe?

Andere machen vielleicht ähnliche Erfahrungen mit dem Fernseher. Eigentlich wollen sie ja gar nicht fernsehen, aber – so denken auch sie – vielleicht gibt es ja doch etwas Gutes? Und vielleicht verpassen sie ja gerade etwas?

Als verfolgten wir geradezu eine »Anleitung zum Unglücklichsein«, während wir uns im Dickicht der täglichen Ablenkungen verstricken. Wir ertrinken in einer Informationsflut! Wir vertun unsere Tage mit Auswählen, falls wir das überhaupt noch tun. Immer mehr Menschen »werden gelebt« und fühlen sich auch so. Sie haben scheinbar keine Wahl.

Abschalten ist das Mittel der Wahl! Wir benutzen das Wort sogar in der Alltagssprache, weil irgendetwas in uns eine Sehnsucht spürt, ganz bei uns zu sein. Wir sehnen uns zutiefst nach unserer Mitte und dem Gefühl des Einsseins. Abschalten hilft uns dabei, uns wieder zu finden und uns an unsere Kraftquellen anzuschließen.

Begegnungen

Haben Sie sich nicht auch schon oft gefragt, warum Sie diesem oder jenem Menschen begegnet sind? Haben Sie auch Menschen gekannt, die Sie jetzt völlig aus dem Auge verloren haben, und andere, zu denen das Band nie ganz abreißt?

Ich glaube nicht, dass unsere Begegnungen zufällig sind. Ich glaube vielmehr, dass wir einander begegnen, um miteinander zu lernen. Diese Chance können wir nutzen oder vertun.

Es gibt Menschen, die für besonders weise gehalten werden, und Menschen, die wir besonders lieben. Niemand würde bezweifeln, dass wir von solchen Menschen viel lernen können. Hier fällt mir zum Beispiel meine Großmutter ein. Sie war großzügig und liebevoll, sie hatte Humor und wir fühlten uns als Kinder in ihrer Nähe immer sehr wohl. Ihre freundliche Art hat uns sehr beeinflusst und wir haben viel von ihr gelernt.

Was aber soll man von einem brüllenden Kind lernen? Was habe ich davon, wenn mein Mann über die Unordnung schimpft oder meine Schwiegermutter in Erziehungsfragen anderer Meinung ist? Was lerne ich von meiner pubertierenden Tochter, die mir patzige Antworten gibt?

Ein buddhistischer Lehrer sagte einmal zu einem Schüler: »Stell dir vor, alle sind erleuchtet außer du selbst.« Ich musste sehr lachen, als ich diesen Satz zum ersten Mal hörte. Er traf mich mitten ins Zentrum meiner Überheblichkeit. Wenn ich glauben könnte, alle anderen Menschen wären meine Lehrmeister, änderte sich eine ganze Menge. Ich wäre dann dankbar für jedes Verhalten bei anderen, das ich ablehne. Patzige Antworten, Beleidigungen mir gegenüber und Ansichten, die andere äußern und die ich nicht teile, würden mir helfen, mich weiterzuentwickeln. Die Menschen, denen ich begegne, können mir alle etwas beibringen! Welch eine Chance!

Gelegentlich gelingt es mir sogar, die Verhaltensweisen und Äußerungen meiner Mitmenschen als Lektionen zu begreifen. Dann spüre ich, dass ich daran wachse. Ich lerne, für meine Tochter, die gerade einen Wutanfall hat, und für meinen Mann, der sich über Kleinigkeiten ärgern muss, Mitgefühl zu entwickeln. Der wütende Autofahrer will mich vielleicht Geduld lehren und der respektlose Jugendliche bringt mir bei, weniger intolerant gegenüber anderen Menschen zu sein.

Ich merke, dass gerade die schwierigen und ungeliebten Verhaltensweisen meiner Mitmenschen mir helfen, sie anzunehmen. Wenn ich erkenne, was ein anderer mir beizubringen versucht, muss ich mich viel weniger ärgern. Die Kunst besteht ja gerade darin, es anderen nicht mit gleicher Münze »heimzuzahlen«, sondern jeden zu akzeptieren, wie er ist. Ich halte dies für die größte Herausforderung in meinem Leben.

Früher habe ich andere für ihr Verhalten kritisiert. Heute bemühe ich mich, in dem, was mich an ihnen stört, das zu sehen, was ich selber in mir trage. Zum Beispiel Wut oder Unzufriedenheit. Mir gelingt es ab und zu, dankbar zu sein für die gezeigte Unzufriedenheit anderer, weil ich dadurch meine eigene Unzufriedenheit wieder entdecke. In meiner Überheblichkeit hatte ich geglaubt, nicht mehr unzufrieden sein zu können! Außerdem bin ich dankbar, dass ich die Möglichkeit erhalte, auf die gezeigte Unzufriedenheit anders zu reagieren als bisher. »Nörgel doch nicht dauernd rum!«, hätte ich früher vielleicht gesagt oder gedacht. Jetzt bemühe ich mich, diesen Menschen einfach liebevoll anzuschauen, mir vorzustellen, wie er oder sie sich gerade fühlt. Ich kann dann Mitgefühl entwickeln oder meine eigenen Reaktionen beobachten. Ich kann dann entscheiden, wie ich reagieren will. Auf diese Weise lerne ich immer dazu. Wenn mein Kind schrecklich trödelt, kann ich lernen, mich in Geduld zu üben, und seine Gelassenheit bewundern. Ich kann mich fragen, warum ich so hetze, und ich kann überprüfen, ob das, was ich tue, wirklich wichtig ist.

Im Leben sind wir oft glücklich, wenn wir Menschen begegnen, die genauso oder ähnlich denken und fühlen wie wir. In jüngster Zeit wird auch manchmal von »Seelenpartnern« gesprochen und es wird uns suggeriert, dass wir, wenn wir lange genug suchen, vielleicht jemanden finden, mit dem wir »ein Herz und eine Seele« sind. Dieser Zustand ist aber immer vergänglich und muss jeden Tag wieder neu hergestellt werden. Das erfordert Geduld, Übung und vor allem Achtung.

Achtung vor mir selbst und Achtung vor meinem Partner – mit all seinen Gefühlen, Gewohnheiten und Verhaltensweisen. Achtung bedeutet aber auch, dass ich meinem Partner meine tiefsten Gefühle und Verletzungen zeige, damit er mich auch in meinem Schmerz achten kann.

Aus der indischen Tradition kommt die Vorstellung, dass Gott in allem ist. In jeder Pflanze, in jedem Tier und in jedem Menschen. Wenn wir das berücksichtigen, fällt es uns leichter, Achtung zu zeigen. Wir können diese Achtung zum Beispiel üben, indem wir unserem Gegenüber in die Augen schauen und in seinen Augen die Göttin oder den Gott erkennen. Wir können uns dann auch voreinander verneigen, wie es die Inder bei jeder Begrüßung tun. Diese Geste verleiht uns auch die Würde, die heute so häufig verletzt wird. Ähnliches erfahren wir aus europäischen Märchen und Sagen. Dort verkleiden sich Götter häufig als Menschen, um sie zu prüfen. Könnte nicht der Mensch, dem ich eben begegnet bin und dem ich vielleicht meine Missachtung gezeigt habe, ein verkleideter Gott sein?

Wir lernen und wir wachsen durch Begegnungen mit Menschen, die uns herausfordern, weil sie ganz anders sind als wir selbst.

Gerade in unseren Kindern können wir Lehrer sehen, die uns zahllose Gelegenheiten bieten, mehr über uns zu lernen und zu erfahren. Es macht das Leben mit ihnen auch so anstrengend. Sie konfrontieren uns mit uns selbst, mit unserer eigenen Erziehung, mit unseren Ängsten und festgefahrenen Meinungen. Wenn wir davon ausgehen, dass gerade dieses Kind zu uns kam, weil wir mit ihm lernen sollen, bekommen Auseinandersetzungen und Konflikte eine andere Perspektive.

Begegnungen mit Menschen können für uns »heilig« werden. Heilig, weil wir aus diesen Begegnungen lernen, weil wir an ihnen wachsen und weil wir uns durch sie selber heilen.

Bausteine der Liebe

Wie liebt man denn nun?

Liebe ist die Sprache der Annahme. Liebe sagt ja. Liebe kritisiert nicht.

Wie soll denn so das Zusammenleben gelingen?, werden Sie jetzt fragen. Man muss den Kindern doch sagen, was richtig und was falsch ist? Man muss doch seinem Partner mitteilen, was man mag und was man hasst?

Es ist richtig, dass wir Regeln brauchen. Wir müssen einander mitteilen, was wir uns wünschen, wie wir uns das gemeinsame Leben vorstellen, was uns Freude macht, was uns verletzt und warum es uns verletzt und was wir uns erhoffen. Um diese Regeln zu erarbeiten, müssen wir uns zusammensetzen, wir müssen uns einigen. Wenn einer dem anderen seine Regeln vorschreiben will, fangen wir wieder an, auszusondern und abzugrenzen, zu verurteilen und zu zerstören.

Das Erstaunliche ist: Wir werden bald feststellen, dass wir alle das Gleiche wollen. Wir wollen anerkannt, geachtet und geliebt werden. Ist das nicht komisch?

Es ist zumindest absurd, dass wir uns gegenseitig die Köpfe einschlagen, weil wir uns voneinander das Gleiche wünschen! Im Grunde geht es uns allen immer um Achtung, um Anerkennung, um Liebe.

Sie wollen Ihre Ruhe haben, Ihr Sohn will laute Musik hören. Der Streit ist perfekt. Sie brüllen sich an. Sie respektieren sein Bedürfnis nicht und er nicht Ihres. Würden Sie sich gegenseitig achten, würden Sie eine Lösung finden, die Sie beide zufrieden stellt. Zum Beispiel, dass er laute Musik mit Kopfhörer hört oder dass Sie einen Spaziergang machen, auf dem Sie Ruhe finden können. Oder dass er eine halbe Stunde still ist und anschließend Musik hören darf. In ruhigen Minuten erkennen wir, dass es für jeden Streit unzählige Lösungen gibt, auf die wir allerdings im Augenblick des Streites gerade nicht kommen.

Wenn sich Paare, die sich einst geliebt haben, trennen, entsteht oft auf beiden Seiten eine ungeheure Wut. Sie geht manchmal so weit, dass die Kinder zum Streitobjekt werden. Jeder will das Kind »haben«, weil er glaubt, der bessere Elternteil für es zu sein. Wie sich das Kind dabei fühlt, spielt dann gar keine Rolle. Es geht dann nur noch darum zu beweisen, dass der einstige Partner schuldig und böse ist.

Lieben hat mit Habenwollen nichts zu tun. Ein Grundbaustein der Liebe ist Freiheit. Freiheit, den anderen loslassen zu können und ihm seine Souveränität zuzugestehen. Das bedeutet nichts anderes, als den anderen so zu nehmen, wie er ist – oder von ihm zu lassen. Wenn Staaten in Frieden miteinander leben wollen, erkennen sie sich gegenseitig an. Sie respektieren die Grenzen und das Anderssein. Genau darum geht es beim Zusammenleben.

Wenn wir auf unseren Partner wütend sind, hat er wenig Chancen sich zu ändern. Kürzlich rief mich ein verzweifelter Vater an. Er wollte seine vierjährige Tochter zum vereinbarten Wochenendbesuch abholen und fand die Tür seiner geschiedenen Frau verschlossen vor. Am Telefon erging er sich in Beschuldigungen und Anklagen über seine Frau. Ich konnte seine Hilflosigkeit und Verzweiflung verstehen. Gleichzeitig war mir klar: Solange er so schlecht über seine Frau redet und schlecht von ihr denkt, kann sich nichts ändern. Erst wenn er ihre Beweggründe, ihre Verzweiflung und Angst versteht, werden Gespräche über den Umgang mit der gemeinsamen Tochter wieder möglich sein. Umgekehrt muss aber auch sie ihn in seinem Verhalten zu verstehen versuchen. Weil wir aber nie einen anderen Menschen, sondern immer nur uns selber ändern können, müssen wir selbst den ersten Schritt tun.

Viele Menschen wagen diesen ersten Schritt nie. Solange wir im Hass, in unserer Angst und Verzweiflung gefangen sind, können wir keine respektvolle und erst recht keine liebevolle Beziehung aufbauen. Wir müssen also, wenn wir eine Veränderung wünschen, zuerst unsere eigene Wut heilen.

Liebe ist die Sprache der Annahme. Liebe sagt ja. Auch zu der eigenen Wut, zu der eigenen Angst und Verzweiflung.

In dem Moment, in dem wir von Herzen ja sagen können, werden wir auch offen. Und wenn wir uns öffnen, können die Energien wieder frei fließen, können wir auch die kosmische, allumfassende Liebesenergie spüren.

Ich selber gehe nach einem Streit gern in die Natur. Im Winter mache ich lange Spaziergänge, im Sommer genügt es, in den Garten zu gehen und meine Rosen zu betrachten. Sie sind voller Dornen. Ihre grünen Blätter sind ganz unterschiedlich gefärbt, sind matt oder glänzend, hell- oder dunkelgrün, blaugrün oder rotgrün. Die Blüten sind von üppiger Prallheit oder zarter Schönheit. Der Reichtum an Farben ist erstaunlich und ihr Duft unvergleichlich. Beim Duft einer Rose kann ich nicht wütend bleiben. Meine Gedanken kommen in der Natur zur Ruhe, mein Herz schlägt wieder langsamer, mein Atem macht die Brust frei. Ich kann abschalten, aufatmen. Ich spüre die Liebe, die überall ist.
Irgendwann kann ich wieder ja sagen. Zu meinem Gegenüber, zu allem, was ist.

Hingabe und Rebellion

Während meiner Arbeit an diesem Buch sind mir die Begriffe »Hingabe« und »Rebellion« immer wieder den Sinn gekommen. Was ist damit gemeint?
Unter Hingabe verstehe ich das liebevolle Aufgehen in einer Tätigkeit, das selbstvergessene Sicheinlassen auf einen Menschen oder eine Beschäftigung. Hingabe ist etwas sehr Weibliches, obwohl natürlich auch Männer die Fähigkeit zur Hingabe

besitzen. Sich hinzugeben ist beglückend und wohltuend, denn in den Momenten der Hingabe vergesse ich alles um mich herum und gehe ganz in dem auf, dem ich mich hingebe. Fast jede Mutter kennt dieses Gefühl vom Stillen und aus anderen Situationen mit kleinen Kindern. Babys brauchen unsere Hingabe, um zu gedeihen. Aber auch beim Geigespielen, bei der Gartenarbeit, beim Malen und Zeichnen und im sexuellen Bereich begegnet uns Hingabe. Hingabe ist mit Jasagen verbunden.

Rebellion ist für mich das Gegenteil von Hingabe und hat mit Neinsagen zu tun. Wenn andere mich nicht achten, wenn etwas aus dem Gleichgewicht geraten ist und Veränderungen anstehen, ist Rebellion angebracht. Obwohl natürlich auch Frauen rebellieren, ist Rebellion eher eine Domäne der Männer. Wir können Rebellion auch in unserem Körper erleben, wenn »der Magen nicht mehr mitspielt«, das Herz zu rasen anfängt oder der Rücken schmerzt. Manchmal muss uns erst der Körper darauf hinweisen, dass etwas nicht stimmt und ein »Nein!« angebracht ist. Liebe bedeutet Jasagen. Jasagen aber auch zu uns selbst und unseren eigenen berechtigten Bedürfnissen. Damit meine ich Anerkennung, Zärtlichkeit, Selbstbestimmung, lebendigen Austausch und andere nicht käufliche Sehnsüchte. Und diese Liebe und Achtung vor uns selbst machen manchmal ein klares Nein notwendig.

Heike hat schon lange den Verdacht, dass Rainer, ihr Mann, alkoholabhängig ist. Immer, wenn sie ihn zur Rede stellt, gibt er eine ausweichende Antwort oder lügt sie an. Oft findet Heike leere Bierflaschen und neulich hat Hannes, ihr Sohn, den Vater am helllichten Tag schlafend vor dem Fernseher angetroffen. Die leere Rumflasche hielt er noch in der Hand. Heike redet mit Rainer über die Möglichkeiten von Entzug und Therapie. »Das brauche ich nicht!«, meint Rainer. »Ich schaffe das schon selbst!« Als die Kinder ihren Vater ein paar Wochen später auf allen Vieren kriechend im Kinderzimmer vorfinden, stellt Heike ihm ein Ultimatum. »Entweder du machst jetzt sofort eine Therapie oder du ziehst aus.« Rainer entscheidet sich für den Auszug und Heike ist froh, endlich zu diesem klaren Nein gefunden zu haben. Die Achtung vor sich selbst und die Liebe zu ihren Kindern machen es ihr leichter. Und – so ließe sich fragen – darf Rainer denn keine Liebe erwarten? Doch. Heike aber kann ihm nicht helfen und Rainer braucht Hilfe. Liebe bedeutet nicht, alles das mitzumachen, was mein Partner von mir verlangt, und zu allem zu schweigen.

Für ein liebevolles Leben ist beides notwendig, das Jasagen und das Neinsagen, das Annehmen und das Verweigern, das Weibliche und das Männliche.

Die Fähigkeit zur Hingabe und zur Rebellion sind zwei Geschenke, die wir mit auf unseren Weg bekommen haben, um frei auf diesem Planeten leben und unsere täglichen Entscheidungen fällen zu können.

Einander zuhören

Wenn es ums Zuhören geht, muss ich immer an die Figur Momo aus dem gleichnamigen Buch von Michael Ende denken. Momo konnte so gut zuhören, dass die Menschen, die ihr etwas erzählten, klug wurden. Dadurch, dass sie ihnen zuhörte! Wenn die Möglichkeit besteht, andere durch unser Zuhören klug zu machen, dann sollten wir das nutzen – meine ich.

Wenn wir uns einmal selber beobachten, können wir feststellen, dass wir oft nur so tun, als hörten wir zu. Während uns zum Beispiel unser Sohn von seinem ungerechten Lehrer berichtet, denken wir vielleicht an die Einkäufe, die wir erledigen müssen, oder an die Telefonate, die noch anstehen. Das ist kein Zuhören. Es macht den anderen auch nicht klug, wenn wir ihm gleich einen gut gemeinten Ratschlag erteilen. Zum Beispiel: »Warum hast du dich nicht beim Schulleiter beschwert?« oder »Du hättest doch etwas sagen können!« Schlimm sind abwertende Bemerkungen oder Kommentare wie: »Ungerecht? Das musst du gerade sagen, wo du selber immer deinen Willen durchsetzen musst!«

Wer ein guter Zuhörer werden will, sollte schlechte Gewohnheiten, wie dem anderen ins Wort zu fallen oder begonnene Sätze unseres Gegenübers zu Ende zu führen, ablegen. Das reicht aber nicht! Zuhören heißt, jemandem achtsam und bereitwillig bis zum Schluss zu folgen und seine Worte erst einmal »in unserem Herzen zu bewegen«, bevor wir vorschnell antworten.

Im Fernsehen wird uns oft vorgemacht, dass es darauf ankommt, möglichst schlagfertig und schnell eine andere Meinung zu widerlegen. Wir amüsieren uns dann über die Brillanz eines Menschen. Es wird so getan, als sei Kommunikation ein Wettrennen, bei dem es darum geht, keine Pausen aufkommen zu lassen. Prüfen Sie einmal bei sich selber nach, wie sich das anfühlt!

Es ist eine traurige Tatsache, dass in Familien das Zuhören viel zu kurz kommt. Wir behaupten, keine Zeit mehr zu haben, um einander zuzuhören. Kinder leiden in alarmierendem Ausmaß an Sprachstörungen. Wenn es niemanden mehr gibt, der zuhört, wird auch nicht mehr gesprochen.

Dabei können wir vom liebevollen und geduldigen Zuhören ungemein profitieren. Wenn wir uns jede Antwort reiflich überlegen, fällt Druck von uns ab. Wir müssen ja gar keine schnellen Antworten parat haben! Im Gegenteil! Wenn wir das Gesagte erst einmal wirken lassen, kann sich auch unser Gegenüber entspannen. So werden wir beide ruhiger. Und unseren Beziehungen tut dies gut, weil wir dem anderen nicht mehr so viel Unüberlegtes an den Kopf werfen.

Als ich neulich Kinder fragte, was sie sich von ihren Eltern wünschen, antworteten die meisten: Zeit haben und zuhören.

Miteinander reden

Menschen reden in der Regel nur, wenn sie jemanden haben, der ihnen zuhört. Aber auch dann reden nicht alle Menschen gern. Wie Sie täglich beobachten können, gibt es Menschen, die ausgesprochen zurückhaltend sind, und es gibt andere, aus denen es nur so herausprudelt. In einer Familie sind meist beide Typen vertreten und je mehr die einen reden, desto stiller werden die anderen. Schon vor vielen Jahren hat Thomas Gordon beobachtet, wie man Gespräche anregt oder verhindert. Er erkannte, dass bestimmte Bemerkungen wie »Türöffner« wirken, andere wiederum ein Gespräch garantiert abblocken. »Wie oft hab ich dir schon gesagt, dass ...« ist ein Satz, der Kommunikation garantiert verhindert. Was soll der andere denn darauf antworten? Ähnlich wirken Bemerkungen wie »Du hast schon wieder angefangen!« oder verallgemeinernde Beschuldigungen. »Jedes Mal bist du hier der Stänkerer!« oder »Immer fällst du mir ins Wort.« Auf diese Weise erreicht man, dass sich der Gesprächspartner verschließt und dass er sich seinen Teil denkt. Möglicherweise bekommt man auch eine freche Antwort, aber ganz sicher eröffnet man dadurch kein Gespräch.

Türöffner dagegen sind kleine Bemerkungen, die nichts bewerten: »Aha!«, »Interessant«, »Erzähl mal.« Sie laden den anderen ein. Er hat nichts zu befürchten und kann einen aufmerksamen Zuhörer erwarten.

Gerade wenn unser Gegenüber emotional aufgebracht ist, können wir ihm helfen, durch unser Zuhören ruhiger zu werden. Wenn wir ihm seine Gefühle widerspiegeln, wird er sich immer verstanden fühlen. Greifen wir noch einmal das Beispiel von dem ungerechten Lehrer auf. Wenn unser Sohn seine empörten Ausführungen beendet hat, können wir sagen: »Das muss dich schrecklich wütend gemacht haben.« Oder: »Da hast du dich aber sehr ungerecht behandelt gefühlt.«

Mit diesen Sätzen bewerten wir nicht und wir geben auch keinen Rat. Beides wäre fehl am Platz und ließe das Gespräch bald verstummen. Erst wenn sich unser Sohn verstanden fühlt und nicht befürchten muss, kritisiert zu werden, wird er Anregungen oder Denkanstöße aufnehmen können. Wenn die heftigen Emotionen abgeklungen sind, können wir laut darüber nachdenken, dass der Lehrer vielleicht gerade große Sorgen hat, nervlich am Ende ist oder Probleme mit dem Schulleiter hat.

Kinder oder Partner, die ungern reden, brauchen eine besondere Atmosphäre, um sich sicher zu fühlen. Viele Eltern haben gute Erfahrungen damit gemacht, sich abends an die Bettkante ihres stillen Kindes zu setzen und einfach Zeit für es zu haben. Ich selbst habe mir zum Beispiel abgewöhnt, meine stillen Söhne mit Fragen zu löchern. »Wie war's in der Schule?« oder »Was habt ihr gemacht?« sind Fragen, die sich als nicht besonders gesprächsfördernd erwiesen haben. Ich setze mich meistens still zu ihnen und warte geduldig. Manchmal erfahre ich, was sie bewegt, manchmal auch nicht. Ich habe gelernt, beides zu akzeptieren.

Meine Tochter dagegen erzählt mir oft Sachen, die mich nicht besonders interessieren. Zum Beispiel, was Annika auf dem Schulbrot hatte und was

Jens-Ole für eine freche Bemerkung gemacht hat und wie sein Lehrer dann reagiert hat und wie Jessika das Ganze sieht und was sie heute anhatte und wie ich finde, dass ihr die Ohrringe stehen ... Hier muss ich mich in Geduld üben. Gelernt habe ich, dass sich Achtsamkeit auch in diesem Fall lohnt. Wenn ich ihr eine Weile wirklich aufmerksam zugehört habe, verstummt sie irgendwann und wendet sich einer anderen Tätigkeit zu. Höre ich aber nicht richtig hin, wird sie wütend und lässt mich mit ihrer Unzufriedenheit überhaupt nicht mehr in Ruhe.

Auch Eltern sollten kleine Rituale pflegen, damit sie als Liebespaar weiterhin miteinander kommunizieren. Damit nicht der Fall eintritt, den kürzlich ein Kabarettist zum Besten gab. Eine langjährige Ehe karikierte er durch folgende Bemerkung: »Warum noch guten Morgen sagen, ich seh doch eh, dass es hell wird.«

Tatsächlich verkümmern im Alltag nicht nur liebevolle Gesten, sondern auch Gespräche. Nach dem Motto: »Ich hab dir einmal gesagt, dass ich dich liebe. Wenn sich daran etwas ändern sollte, erfährst du's von meinem Anwalt.« Das Miteinander dreht sich oft nur noch um Organisationsfragen wie: Wer fährt die Kinder wo hin? Was schenken wir Müllers? Wann kommst du nach Hause? Was kochen wir morgen?

Mit seinen Zwiegesprächen hat uns Michael Lukas Möller auf eine wirksame Alternative gebracht. Er empfiehlt Paaren, sich einmal pro Woche zusammenzusetzen und sich eineinhalb Stunden Zeit füreinander zu nehmen. In diesen eineinhalb Stunden redet jeder von sich, zeichnet so gewissermaßen ein Selbstporträt von seiner Befindlichkeit und seinen Gefühlen. Der andere kommentiert das Gesagte in keiner Weise, sondern spricht nur von sich selbst. Diese Zwiegespräche verändern jede Beziehung enorm. Probieren Sie es aus!

Achtsamkeit in der Sprache

»Nichts wird so oft überflüssigerweise geöffnet wie der Mund«, heißt es in einem Sprichwort. Jeder hat schon mal erfahren, wie sehr Worte verletzen können und was eine dumme oder unüberlegte Bemerkung verursacht. Es ist daher sehr weise, erst einmal nachzudenken, bevor man etwas sagt. Wenn wir uns angewöhnen, tief durchzuatmen, sobald unser Gesprächspartner geendet hat, werden wir in vielen Gesprächen ganz neue Erfahrungen machen. Stellen Sie sich vor, Sie könnten die Kraft und Schönheit Ihres Atems wertschätzen! Stellen Sie sich vor, Sie könnten auf diese Weise auch die Vielfältigkeit und Kunst menschlicher Sprache wieder entdecken! Wenn wir uns angewöhnen, nicht einfach drauflos zu plappern, wird unserem Gegenüber eine Form von Achtung und Geduld zuteil, die ihm gut tut und die die Qualität unseres Gespräches beeinflussen wird. Achtsamsein heißt, ganz bei dem sein, was gerade ist, den Augenblick erfassen, ohne darüber zu urteilen. Jedes Kind bringt irgendwann Ausdrücke mit ins Haus, die uns nicht gefallen. Manchmal benutzen wir selber solche Worte. Achtsamkeit in der Sprache bedeutet für mich, Worte bewusst wahrzunehmen. Als meine Kinder klein waren, habe ich ihnen erklärt, was dieser oder jener Ausdruck bedeutet und warum ich ihn nicht mag. Andererseits halte ich es für wichtig, sich von bestimmten Ausdrücken nicht provozieren zu lassen: Ich selber bestimme darüber, wie ich eine Botschaft empfange. Daher können mich Schimpfworte nicht wirklich erreichen. Wütende Kinder und auch Erwachsene machen sich manchmal mit Worten Luft. Vielleicht hilft ihnen das.

Wichtig ist, diese Worte nicht aufzugreifen, sondern sie bei demjenigen zu lassen, der damit um sich wirft. Stinkende Schuhe soll man sich nicht anziehen.

In manchen Familien hat sich das Aufstellen einer Spardose bewährt, in die jeder, der einen solchen Ausdruck benutzt, eine festgelegte Summe einzahlt.

Worte sind nicht gleichgültig. Sie beeinflussen die Atmosphäre entscheidend. Es gibt Menschen, die von sich sagen, dass sie sehr temperamentvoll sind und daher nicht anders können, als mit Worten um sich zu werfen. Sie können in dem Augenblick auch gar nicht nachdenken. Das ist sicherlich richtig. Nur müssen sich diese Menschen auch klar darüber werden, dass ihre Worte Konsequenzen haben. In dieser Welt geht nichts verloren. Wenn ich jemanden beschimpfe, weil mein Temperament das gerade erfordert, hört der andere die Worte auch. Und ich kann nicht verhindern, dass sie ihm wehtun. Meine Worte, positive wie negative, haben immer Folgen, lösen irgendetwas aus. Was genau, kann ich nicht wissen. Nur mein Gegenüber kann mir das mitteilen. Fragen Sie Ihr Gegenüber, wie Ihre Worte wirken, was sie auslösen!

Kleine Kinder können diese Frage noch nicht beantworten. Ich weiß jedoch aus vielen Therapiegesprächen, dass bestimmte Sätze, die Eltern zu ihren Kindern gesagt haben, ein Leben lang unvergessen bleiben. Meistens sind das tief verletzende Sätze. Vielleicht hat sie der Sender nicht einmal so gemeint. Vielleicht wusste er fünf Minuten später schon gar nicht mehr, was er eigentlich gesagt hat. Er hat aber auch nie nachgefragt, sich nie entschuldigt. Eltern müssen wissen, dass ihre Worte beim Kind ankommen. Durch ständiges Schimpfen fühlen sich viele Kinder schlecht. Sie denken in ihrem Inneren: »Mit mir ist etwas nicht in Ordnung. Ich mache alles falsch. Meine Eltern mögen mich nicht.« Wenn es eine Geste des Verzeihens und des Annehmens gibt, können sie wieder Vertrauen fassen und feststellen: »Meine Eltern mögen mich doch. Auch wenn sie manchmal schimpfen.« Heilend wirken Sätze wie »Du bist mein Sohn. Ich liebe dich, unabhängig von dem, was du tust.« Mit einer Umarmung verbunden, können solche einfachen Sätze oft noch nach vielen Jahrzehnten eine Heilung in Form von Versöhnung herbeiführen.

Ich meine nicht, dass Kinder alles dürfen sollen und dass es keine Rolle spielt, wie sie sich verhalten.

Im Gegenteil. Wir müssen unser Zusammenleben in gegenseitiger Rücksichtnahme und gegenseitigem Verständnis regeln. Schimpfen bewirkt jedoch nur, dass mein Kind schlechte Gefühle entwickelt. Es wird traurig oder trotzig oder fühlt sich einfach schlecht.

Klarheit wird erreicht, wenn wir aussprechen, was wir uns wünschen, was wir vereinbart haben, und wenn wir uns an bekannte Regeln erinnern. Wir müssen unserer Stimme dabei Nachdruck und Stärke verleihen, wenn wir glaubhaft sein wollen. Wir dürfen auch wütend werden, wenn unsere Regeln schon wieder missachtet wurden oder jemand unsere Grenzen überschritten hat. Wir reden dann von unserer Wut, unserem Zorn und unserer Verletztheit. Es gibt keinen Grund, unser Gegenüber schlecht zu machen, abzuwerten oder gar zu beleidigen. Damit vergiften wir nur die Atmosphäre und schaden letztlich uns selbst.

Und auch das gilt es zu beobachten: Wie rede ich mit mir selbst? Beschimpfen Sie sich innerlich und kritisieren Sie sich ständig? Die meisten von uns tun das. Kritische Stimmen sind manchmal vielleicht sinnvoll, wenn wir uns zum Aufstehen ermuntern oder wenn wir uns zwingen, etwas besonders gut zu machen, uns Mühe zu geben. Sie selbst, Ihre Kinder und Ihr Partner brauchen jedoch auch eine freundliche, liebevolle und respektvolle Zuwendung. Trösten Sie sich selbst und andere mit heilsamen Sätzen wie:

- Ich darf mir Ruhe gönnen.
- Ich muss nicht perfekt sein.
- Eins nach dem anderen.
- Das schaffst du schon.
- Du bist, wie du bist, und das ist gut.

Jeder, der lernen möchte, mit Worten achtsamer umzugehen, sollte damit beginnen, sich selbst liebevolle Sätze zu sagen. Sätze des Trostes und der Heilung.

Bedürfnisse äußern

Wenn wir Konflikte mit unseren Nächsten haben, geht es immer um Bedürfnisse. Wir ärgern uns vielleicht über eine hingeworfene Jacke, weil unser Bedürfnis nach Ordnung und Ästhetik verletzt wurde. Das Kind, das sie achtlos hinwarf, hatte möglicherweise das Bedürfnis, nach dem kleinen Kaninchen zu schauen, das im Sterben lag. Oder es musste ganz dringend auf die Toilette.

Eltern und Kinder, Männer und Frauen haben in der Regel ganz unterschiedliche Bedürfnisse und deshalb kommt es im Alltag immer wieder zu Konflikten. Das ist ganz normal. Kinder haben das Bedürfnis nach Spontaneität und Bewegung. Beides ist oft auch mit Lärm verbunden. Eltern haben das Bedürfnis nach Ruhe. Frauen haben oft mehr als Männer das Bedürfnis nach Gesprächen und Männer haben das Bedürfnis nach Sex. Mütter haben das Bedürfnis nach ausreichend Schlaf und Säuglinge wollen auch nachts gestillt werden.

Es ist überflüssig, sich bei solchen Auseinandersetzungen gegenseitig zu verletzen oder zu kränken. Für fast jeden Konflikt findet sich eine Lösung, aus der beide Parteien lernen und als Sieger hervorgehen. Oder bei der beide einen akzeptablen Kompromiss finden. Die Voraussetzung dafür ist, die hinter dem Verhalten verborgenen Bedürfnisse zu erkennen, zu benennen und darüber ins Gespräch zu kommen.

Das größte Bedürfnis eines jeden Menschen ist, geliebt und anerkannt zu werden – ohne Wenn und Aber, mit allen so genannten Fehlern und Schwächen. Darin sind sich alle Menschen gleich. Doch fällt es uns manchmal ungeheuer schwer, dieses Bedürfnis zu achten, weil wir alte Rechnungen aufmachen, weil wir das Gefühl haben, dass Geben und Nehmen nicht im Einklang sind. »Ich kann dieses Verhalten einfach nicht akzeptieren!«, so denken wir dann und verweigern dem anderen Liebe und Anerkennung. Schließlich können wir nicht über unseren eigenen Schatten springen.

Achtsamkeit kann uns helfen, klarer zu sehen und die Bedürfnisse des anderen zu akzeptieren. Das heißt nicht, die eigenen Bedürfnisse zu missachten oder wegzustecken, sondern miteinander ins Gespräch zu kommen. Über Bedürfnisse, über Ängste und verletzende Verhaltensweisen. Wenn in diesen Gesprächen jeder achtsam von sich selber spricht, wird sich etwas verändern. Immer.

Auf Verallgemeinerungen und Schuldzuweisungen verzichten

»Nie hörst du mir zu!«, »Immer muss ich dich ermahnen!«, »Keiner versteht mich!« sind Redewendungen, die jedem von uns geläufig sind. Wir benutzen sie häufig und dennoch wissen wir, dass sie wenig Nutzen bringen. Wir sollten sie einfach aus unserem Vokabular streichen! Verallgemeinerungen versperren uns die Sicht auf die täglichen Bemühungen, die kleinen Unterschiede, die den großen Veränderungen vorausgehen. Mit Verallgemeinerungen verhindern wir geradezu Möglichkeiten der Entwicklung und schreiben den Zustand, den wir nicht wollen, fest. Also Schluss damit!

Genauso schlimm sind Schuldzuweisungen, die ja oft mit Verallgemeinerungen einhergehen. »Du bist unmöglich!« »Immer stänkerst du rum!« Schuldzuweisungen erniedrigen den anderen und verursachen bei ihm ein schlechtes Gefühl. Unser Gegenüber wird entweder traurig oder wütend und will sich rächen. Auf diese Weise kann sich nichts ändern!

Wenn Sie wütend sind, dürfen Sie das durchaus zeigen – aber dann sprechen Sie bitte von sich: »Ich bin stinksauer, weil sich der Müll in der Küche stapelt!« »Diese Unordnung hier geht mir wirklich auf die Nerven!« »Diese Musik ist mir zu laut. Könntest du sie bitte leiser stellen?«

In manchen Familien hilft es, eine Kasse aufzustellen und jeden, der gegen die oben genannten

Regeln verstößt, um eine Mark zu bitten. Nach ein paar Wochen können dann alle von dem Geld Eis essen gehen.

Wenn Sie Ihren eigenen Umgangston ändern, werden Sie bemerken, dass sich das Klima in der Familie verwandelt. »Ich habe da ein Problem ... Wie können wir das lösen?« ist eine Frage, die Ihre Nächsten zum Nachdenken anregt und die hilft, eine Lösung zu finden, mit der alle zufrieden sind.

Wenn einer beginnt, bestimmte Regeln im Umgangston zu beachten, wird dies bald weitere Kreise ziehen – wie ein Kieselstein, den Sie in einen See werfen.

Ich habe beobachtet, dass meine Kinder oft wortwörtlich übernehmen, was ich selbst gesagt habe. Zum Beispiel den Satz: »Ich kann jetzt gerade nicht, weil ...«

Wenn wir dahin kommen, in unserem Gegenüber einen Spiegel zu sehen, wird es uns bald leicht fallen, freundlich zu sein.

Reden über das, was ist

Es ist leider üblich und weit verbreitet, über andere Menschen, vergangene Situationen und Verhältnisse zu sprechen. Dabei kommt es immer wieder zu Werturteilen. Menschen, die das Verhalten anderer bewerten, meinen es nicht einmal böse. Sie verschaffen sich einfach Luft und reden über das, was ihnen gerade einfällt und was sie bewegt. Wenn wir einmal die Wirkung solchen »Tratschens« erfahren haben, wird uns vielleicht bewusst, wie übel die Auswirkungen derartiger Reden oft sind.

Ich habe mir deshalb vorgenommen, prinzipiell nicht über Menschen zu reden, die nicht anwesend sind, und das Verhalten anderer nicht zu bewerten. Ich versuche, auch mit Worten im Hier und Jetzt zu bleiben. Natürlich kann ich anderen auf die Frage: »Wie geht es deinem Sohn?« eine Antwort geben. Wenn ich dabei achtsam bin, werde ich meine Worte achtsam wählen und auf die Frage antworten, als stünde er neben mir. Ich kann auch von meinen Gefühlen sprechen, zum Beispiel dass ich stolz auf sein gutes Abitur bin oder verärgert über sein schlampiges Zimmer. Normalerweise sprechen wir aber wertend und oft auch abwertend über andere. Wenn man sich klarmacht, dass bei einem ausgestreckten Zeigefinger drei Finger auf uns zurückzeigen, prüfen wir unsere Worte vielleicht genauer.

Aber auch ohne Werturteile oder Kritik kann das Ausstreuen von Informationen über andere Menschen sehr zerstörerisch sein. Ich komme mir vielleicht wichtig und sogar besorgt vor, wenn ich erzähle, dass Herr Meier entlassen oder Nora nicht versetzt wurde. Was bewirkt aber diese Information in meinem Gegenüber? Und wie wird sie weitergegeben?

Manchmal streuen wir über uns selbst Informationen aus, die gar nicht zutreffen. Zum Beispiel dass es uns gut geht, obwohl wir uns gerade schlecht fühlen, oder dass unser Partner verreist ist, obwohl er uns gerade verlassen hat. Wir bauen dann eine

Fassade auf, die uns im Augenblick vielleicht schützt, langfristig jedoch verhindert, dass andere Menschen unser wahres Sein erkennen können. Ganz schlimm wird das, wenn wir Alkoholiker oder andere Abhängige auf diese Weise schützen. Wir erfinden dann Ausreden darüber, warum auf unserer Veranda Bierkästen stehen oder warum unsere Mutter schon wieder schläft. Kinder geraten in schreckliche Situationen, wenn sie ihre Eltern auf diese Weise decken müssen. Aus Angst, erkannt zu werden, werden die Mauern um uns herum immer höher und unsere Ängste immer größer, und wir verhindern so, dass uns geholfen werden kann.

Eines Tages kommt jedoch die Wahrheit ans Licht und meistens empfinden die Beteiligten dann trotz aller Scham eine große Erleichterung. Endlich ist es heraus! Endlich darf jeder sagen, was er denkt und was er fühlt.

Wenn wir mit Worten achtsam umgehen und sagen, was ist, verläuft das Leben leichter. Wir werden uns nicht nur besser fühlen, sondern auch Hilfe von anderen Menschen erhalten und insgeheim Bewunderung ernten. Ehrlichkeit erfordert immer Mut und macht uns sympathisch.

Wie wir unsere Angst loswerden

Als Kind hatte Anne ein großes Problem. Wenn sie etwas »angestellt« hatte, schickte ihr Stiefvater sie im Dunkeln nach draußen und sie musste eine vorgeschriebene Anzahl an Runden um das alte Bauernhaus gehen. Das zarte kleine Mädchen hatte entsetzliche Angst, aber es half nichts. Schließlich kam Anne auf eine Idee. Sie umrundete das Haus im Hellen und sah sich alles genau an. Zum Beispiel den Baum, der im Dunkeln so gespenstisch knarrte. Sie sah, dass es ein freundlicher Baum war, und sagte zu ihm: »Ab heute wirst du mir keine Angst mehr machen!« Sie betrachtete den Dunghaufen, die Büsche, die Mülltonnen, die Stallwand, das Scheunentor und alles, was es da gab, und prägte es sich genau ein, ja mehr noch, sie freundete sich damit an. Als nun das nächste Mal diese schreckliche Strafe verhängt wurde, ging Anne zu ihren Freunden, den Mülltonnen, den Büschen und allem anderen hinaus – und hatte ihre Angst überwunden.

Anne erzählte mir diese Geschichte als erwachsene Frau und ich ließ sie stolz sein auf das kleine Mädchen, das sie war. Genau wie sie können wir alle unsere Angst überwinden. Anne ging in mehreren Schritten vor:

1. Die Angst wahrnehmen
Wenn wir unsere Angst nicht spüren oder wahrhaben wollen, können wir sie auch nicht beheben.

Das klingt banal, ist aber dennoch nicht einfach. Die meisten Ängste sind uns nämlich gar nicht bewusst. Warum bleibt eine Frau zum Beispiel bei einem Mann, der sie immer wieder demütigt? Oft zählt sie eine ganze Reihe von Gründen auf, die alle nicht zutreffen. Die große Angst, verlassen und nicht geliebt zu werden, wird selten genannt. Wenn wir unsere wahre Angst erkennen und fühlen, ist der erste Schritt zur Heilung getan.

2. Betrachten, was uns Angst macht

Der nächste Schritt besteht darin, die Angst erregenden Dinge, Verhaltensweisen oder Situationen im Hellen zu betrachten. Im Hellen bedeutet, die Dinge aus einer anderen Perspektive oder in einem anderen Licht zu sehen. Kleine Kinder, die glauben, im Schrank säße ein Löwe, haben es gern, wenn wir den Schrank öffnen und feststellen, dass dort kein Löwe ist. Bei Erwachsenen ist das meist schwieriger. Oft können nur andere Menschen die Lage »erhellen«, indem sie uns etwas bewusst machen oder uns ein Beispiel vor Augen führen. Ich hatte zum Beispiel lange Zeit Angst vor Einbrechern. Seit ich in einem Heim mit Jugendlichen gearbeitet habe, von denen einige schon straffällig geworden waren, habe ich diese Angst verloren. Ich habe hilflose, verletzte junge Männer gesehen, die sich nur nach einem sehnten: nach Liebe und Anerkennung. Wer uns im Dunkeln als Gewalttäter erscheint, ist im Hellen ein bedauernswerter Mann mit einer schrecklichen Lebensgeschichte. Natürlich ist mir klar, dass ein solcher Mensch mich trotzdem ermorden kann. Dennoch habe ich keine Angst mehr davor. Steigen Sie nicht auch täglich in Ihr Auto, obwohl Sie wissen, wie viele Menschen täglich im Straßenverkehr umkommen?

Wenn ich erkenne, dass ich Angst davor habe, verlassen zu werden, bin ich vielleicht eher bereit, an meinem Selbstwertgefühl zu arbeiten, als dass ich dem Mann, den ich liebe, nachspioniere.

Und so gibt es für jede Angst einen Weg, sie zu überwinden. Die Welt ist deswegen kein sicherer Ort. Es werden weiter Katastrophen über uns hereinbrechen und Gewalttaten verübt. Es werden Kinder und beste Freunde sterben und wir werden Schmerzen und Krankheiten nicht aus dieser Welt schaffen.

Aber wenn wir all diese Dinge als zu unserem Leben gehörig im hellen Licht betrachten, verlieren sie ihre Schrecken. Vielleicht können wir uns wie Anne sogar mit dem, was uns Angst macht, anfreunden. Das braucht vielleicht Zeit, aber es ist möglich! Krankheit und Schmerzen werden dann zu wertvollen Erfahrungen, die mir helfen können, Klarheit zu spüren oder Erkenntnisse zu gewinnen. Der Tod ist dann nichts als eine Tür in eine andere, freundliche Welt.

3. Den Weg gehen
Zuletzt umrundet Anne wieder das Haus. Genau wie sie müssen wir einfach losgehen, die Schritte tun, die erforderlich sind. Das ist natürlich leichter gesagt als getan. Aber es gibt gar keinen anderen

Weg. Ich erinnere mich noch sehr gut daran, als ich das erste Mal vom Dreimeterbrett springen musste. Ich hatte entsetzliche Angst und deshalb wusste ich: Du musst es tun und du musst es schnell tun. Ich tat es und es war schrecklich – aber ich habe es überlebt. Und ich weiß, dass ich es immer wieder überleben werde. Es ist genau diese Erfahrung, auf die es ankommt! Wir dürfen unsere Angst mitnehmen wie eine Freundin, die wir unterhaken. Und wir werden feststellen: Es geht! Der Schmerz ist zu ertragen, die Krankheit ist besiegbar, der Tod kann uns nicht schrecken.

Einander trösten

Erinnern Sie sich noch, wie gut es tat, wenn jemand auf Ihre Wunde pustete und ein Pflaster auflegte? Die Macht solcher Trostpflaster ist ungeheuer groß und geradezu magisch.
Sehr oft erleben wir Situationen, in denen andere uns etwas vorjammern. Sie haben so viel zu tun, ihr Kind ist krank, die Oma liegt im Sterben, der Chef ist gemein zu ihnen, der Lehrer ungerecht, der Kopf tut ihnen weh und und und.
Es tut einfach gut, jemanden zu haben, dem man sein kleines alltägliches Leid klagen darf. Bitte lassen Sie es zu!
Manche Menschen neigen dazu, in solchen Situationen anderen einen Rat zu erteilen, in der Hoffnung, damit das Wehwehchen zu beseitigen. »Nimm doch eine Tablette!«, »Sprich mit dem Schulleiter!«, »Sag ihm die Meinung!« und Ähnli-

ches mehr. Aber genau das will der Klagende gar nicht hören! Wer jammert, möchte einfach nur angenommen und getröstet werden. Nichts weiter. Und das ist ja auch schon viel.

Nehmen Sie Ihre Frau in den Arm und streicheln Sie sie! Sagen Sie Ihrem Kind: »Das muss schrecklich für dich sein!« und nehmen Sie es auf den Schoß, wenn es das möchte. Schauen Sie Ihrem Gegenüber einfach teilnehmend in die Augen. Das hilft.

Wenn Sie etwas sagen wollen, dann sagen Sie es mit den Händen. Unsere Hände kennen die Sprache des Trostes viel besser als unser Mund.

Legen Sie Ihrem Liebsten die Hand auf die Schulter, streicheln Sie Ihrem Kind über den Kopf oder massieren Sie sanft den Nacken des Klagenden und Sie werden entdecken, dass wir alle Hände besitzen, die heilen können.

Ganz wichtig ist, dass wir uns selber trösten. Nichts macht uns immer wieder so traurig und wütend wie unsere eigene Unvollkommenheit, unsere eigenen Fehler. Es ist daher wichtig, uns damit zu trösten, dass Gut und Böse immer zusammengehören, dass Fehler und Vollkommenheit einander dienen. Jeder Impuls trägt sein Gegenstück in sich. Kein Heiliger hat je gelebt, der nicht Gott verflucht hätte, keine Frau war so treu, dass sie nicht auch andere Männer attraktiv gefunden hätte, keine Mutter war so in ihr Kind verliebt, dass sie es nicht auch manches Mal dahin gewünscht hätte, wo der Pfeffer wächst, kein Vater war je so verantwortungsvoll, dass er nicht auch einmal daran gedacht hätte, weit wegzulaufen. Wenn wir uns das klarmachen, sind wir getröstet. Wir können uns Sätze sagen wie:

- Es ist in Ordnung, gut und böse zu sein.
- Ich darf den Menschen, denen ich begegne, unterschiedliche Gefühle zeigen.
- Das Schlechteste, was jemand über mich sagen kann, enthält immer auch ein Körnchen Wahrheit – über ihn selbst.

Einander dienen

Über folgendes Bild habe ich kürzlich schallend lachen müssen: Auf diesem Bild war eine Frau zu sehen, die im Hintergrund in ihrer Küche herumwerkelt, während im Vordergrund zehn gleich aussehende Männer nichtstuend herumsitzen. Darunter war zu lesen: »Frau Becker hatte ihren Mann klonen lassen, aber keiner von ihnen war bereit, mal den Müll runterzubringen.«

Wenn Liebe gelingen soll, müssen wir einander dienen. Das bedeutet auch, den Mülleimer ungefragt hinauszubringen, auch dann, »wenn wir gar nicht dran sind«.

Ich will damit nicht sagen, dass es gut ist, sich für die Familie aufzuopfern, wie manche Frauen und vielleicht auch einige Männer das tun. Die Aufgaben, die im Alltag zu bewältigen sind, sollten gerecht verteilt sein und immer wieder neu überprüft werden. Hierfür bietet sich die Familienkonferenz an, eine Gesprächsform, bei der man alle Probleme fair lösen lernt und Aufgaben gerecht verteilen kann.

Lieben heißt aber auch, dem anderen etwas zuliebe tun. Einfach so.

Wenn ich selbst zum Beispiel schlechte Laune habe, fühle ich mich manchmal ungerecht behandelt und rechne mir selber vor, wie viel ich tue und wie wenig mein Mann oder ein anderes Familienmitglied im Haushalt arbeitet. Am liebsten würde ich dann eine Strichliste für meine guten Taten führen und andere bloßstellen und anschwärzen. An besseren Tagen erkenne ich, dass dieses Verhalten einen »Kleingeist« auszeichnet, eine Krämerseele, die für alles und jedes eine Rechnung aufmacht.

Wie viel Energie wenden wir doch dafür auf, darauf zu achten, dass wir ja nicht zu kurz kommen! Zu dieser Geisteshaltung passen Sätze wie »Immer ich!« An guten Tagen erkenne ich, wie viel ich daraus lerne und welche Fähigkeiten ich aus der Tatsache entwickle, dass ich viel zu tun habe.

Als meine Schwägerin vor vielen Jahren an Krebs starb, sagte der Pastor bei der Beerdigung: »Ihr Leben war Dienst.« Damals fand ich das ganz schrecklich und hätte mir für sie gewünscht, doch mehr an sich selbst gedacht zu haben. Heute erkenne ich die ungeheure Größe und Stärke, die in dieser Haltung liegen kann, wenn es eine bewusste Entscheidung ist.

Hierzu passt auch die Geschichte von Lenchen, einer Bauersfrau in meiner Nähe. Sie pellt jeden Tag für ihre gesamte Großfamilie – Kinder und Enkel – die Kartoffeln. Natürlich kocht sie auch. Keiner darf ihr dabei helfen. Aber sie ist keineswegs ein »armes Opfer« wie andere Frauen an ihrer Stelle. Lenchen hat immer gute Laune, ist freundlich und ausgeglichen und sehr weise. Wir emanzipierten Frauen verstehen das nicht. Jeder, der Lenchen kennt, hat das Gefühl, dass sie alles, was sie macht, mit Liebe tut.

Eine Freundin von mir sagte: »Ich glaube, Lenchen hat sich in diesem Leben dafür entschieden zu dienen. Daraus können wir alle viel lernen.«

Miteinander zärtlich sein

Berührung und Hautkontakt vermitteln uns im Leben die schönsten Gefühle. Wir müssen uns fragen, warum wir in der Regel so geizig damit sind, einander Berührung zu schenken. Meine Tochter schmilzt dahin, wenn ich ihr den Rücken massiere, und sie lernt, ihren Körper wertzuschätzen und zu achten. Babymassage ist das Beste, was wir unseren Säuglingen neben dem Stillen geben können. Schließlich sterben Kinder, wenn sie ernährt, aber nicht berührt werden.

Bei einem Seminar über ätherische Öle massierte ich einer Bauersfrau die Hände. Sie war tief berührt und sie war mir unendlich dankbar dafür – dabei hatte ich ihr lediglich zehn Minuten meiner Zeit und ein bisschen Massageöl geschenkt!

In einer Gruppe trafen wir uns am Gründonnerstag, um nachzuempfinden, was es mit der Fußwaschung, die Jesus seinen Jüngern gab, auf sich hat. Obwohl die meisten von uns schon Erfahrung mit Massage hatten, waren wir von dem Erlebnis überwältigt. Wir taten nichts anderes, als einander in großen Schüsseln warmen Wassers die Füße zu waschen, sie abzutrocknen und anschließend mit einem Massageöl einzureiben. Uns alle durchströmte ein tiefes Glücksgefühl.

Manchmal glauben wir, dass teure Geschenke Freundschaften aufrechterhalten. Tatsächlich lebt eine Beziehung von der Berührung – im körperlichen und geistigen Sinn. Warum verschenken wir nicht eine Nacken- oder Gesichtsmassage? Warum waschen wir einander nicht die Füße und ölen sie ein? Kinder und Erwachsene sehnen sich nach täglichem Körperkontakt. Eine Sonderschullehrerin sagte einmal zu mir: »Eigentlich wollen die Kinder alle nur eines: auf den Schoß genommen werden.« Dazu passt auch die Geschichte von dem Vater, der seinen Sohn zum Rabbi brachte und klagte, dass dieser keine Ausdauer beim Lernen zeige. Der Vater ging. Schweigend bettete der Rabbi den Jungen an sein Herz. Als der Vater zurückkehrte, antwortete der Rabbi: »Ich habe ihm ins Gewissen geredet. Es wird ihm an Ausdauer beim Lernen nicht fehlen.«

Ich weiß von vielen Frauen, dass sie in bestimmten Situationen nichts anderes wollen, als in den Arm genommen zu werden. Offenbar fällt es vielen Männern schwer zu glauben, dass diese Geste hilft.

Umgekehrt bekam ich von Sascha, einem 16-jährigen Jungen, der seit seinem zehnten Lebensjahr alkoholabhängig ist, auf die Frage, was ihm in problematischen Situationen gut tun würde, zu meinem großen Erstaunen die Antwort: »Einfach in den Arm nehmen. Bloß nicht voll quatschen.« An diese Antwort muss ich bis heute oft denken.

Ich glaube, dass wir in einer Zeit leben, in der wir alle »voll gequatscht« werden. Lehrer reden stundenlang vor Schülern, Mütter diskutieren endlos mit ihren Kindern, Politiker wetteifern miteinander durch gewitzte Erwiderungen, die sie sich oft nicht einmal selbst ausgedacht haben. Rhetorik ist gefragt und viele Menschen schwingen große Reden, während andere resigniert verstummen. Politik wird immer mehr zum Showgeschäft und wer schlagfertig ist, kommt ins Fernsehen. Nicht nur Jugendliche leiden unter dem belanglosen »Gelabere« ihrer Mitmenschen.

Der Körper verkommt zum »Outfit«, wird schrecklich vernachlässigt und oft gequält. Zärtlichkeit wird nirgends gelehrt und viele Jungen und Männer tun sich schwer, Berührung sanft und hingebungsvoll zu ermöglichen. Zärtlichkeit ist das Gegenteil von Gewalt. Gewalt wird uns täglich vorgelebt, Zärtlichkeit ist selten geworden. Ihr fehlt der Sensationswert.

Warum nicht einmal den anderen berühren statt zu reden? Mit zärtlichen Gesten vermitteln wir glaubwürdig, dass wir unseren Nächsten lieben. Wir brauchen Kontakt! Indem wir jemanden anfassen, berühren, in den Arm nehmen, streicheln, seine Hand halten oder den Kopf an die Schulter des anderen legen, zeigen wir, dass wir es ernst meinen, dass Liebe nicht aus leeren Worten besteht, sondern aus kleinen Taten. An jedem Ort der Welt.

Miteinander essen

»Liebe kommt nicht nur in großen Gesten zum Ausdruck«, schreibt Jon Kabat-Zinn in seinem Buch *Mit Kindern wachsen,* »(...) sondern sie zeigt sich unter anderem in der Art, wie wir ihnen (unseren Kindern) das Brot reichen ...«

Ich glaube, in diesem Satz steckt sehr viel Wahrheit. Liebe kommt in kleinen Gesten zum Ausdruck.

Das gemeinsame Essen ist für viele Familien ein täglicher Stress und oft findet es gar nicht mehr statt. Kleine Kinder regen ihre Eltern auf, weil sie mit dem Essen spielen – was den Eltern selbst als Kind verboten war. Wer früher streng hygienisch und auf Sauberkeit bedacht erzogen worden ist, kann nicht tolerieren, dass Kinder das Essen auch erforschen wollen und dass sie den Mund noch nicht zielsicher treffen. Größere Kinder haben oft gar keinen echten Hunger, sondern höchstens Appetit auf ihr Lieblingsessen, weil sie sich tagsüber mit Joghurt und Süßigkeiten selbst verpflegen und – durch Fertignahrung verdorben – den natürlichen Geschmack der ursprünglichen Nahrung nicht mehr kennen. Statt Pausenbrot gibt es dann Milchschnitten oder Schokoriegel, denen man nicht mehr ansieht, woraus und wie sie hergestellt wurden. Oft meckern Kinder dann bei Tisch, während sich die überbesorgten Eltern damit abmühen, ihnen ein Häppchen Gemüse aufzunötigen. In manchen Familien werden aus diesem Grunde mehrere Gerichte serviert. Für jeden etwas. Aufwendig gekochte Mahlzeiten werden meistens missachtet, während Pommes oder Nudeln mit Ketchup zum Standardgericht avancieren. Viele Gemüsesorten sind vielen Kindern gar nicht mehr bekannt oder nur noch aus der Tiefkühltruhe oder Dose.

Ein mit Liebe gekochtes Essen, das alle genießen, ist selten geworden. Wie sollen berufstätige Eltern das auch leisten? Und außerdem schmeckt es sowieso am besten, wenn man essen geht. Sollen sich auch auf diesem Gebiet Profis mit unseren Kindern beschäftigen?

Es liegt nahe, dass ein solches Verhalten nur entstehen kann, wenn Nahrung im Überfluss vorhanden ist. Man kann ja sogar an Weihnachten Erdbeeren kaufen! Gleichzeitig leiden viele Menschen in unserem Land unter Mangelerscheinungen, denn der Überfluss garantiert keine gesunde Ernährung. Wer sich von Eiscreme, Pommes und Hot Dogs ernährt, wird irgendwann krank.

Achtsamkeit beim Essen bedeutet für mich, zunächst die Herkunft unserer Nahrung wieder bewusst wahrzunehmen. Wo kommt das her, was ich esse, und wie wird es angebaut? Wenn ich Mitgefühl für die zunächst in Massentierhaltung aufgezogenen und mit Medikamenten künstlich am

Leben erhaltenen Tiere entwickele, die oft unendliche Qualen erleiden, bevor sie endlich geschlachtet werden, werde ich beim Einkaufen bewusster vorgehen. Wenn ich weiß, dass der schöne rotbackige Apfel 15-mal gespritzt wurde, bevor er mit dem Flugzeug zu uns gelangte, werde ich mich vielleicht doch für den kleineren aus kontrolliert biologischem Anbau entscheiden. Und wenn eine Tomate nach zehn Tagen noch nicht matschig ist – muss ich befürchten, dass sie genmanipuliert gezüchtet wurde. Bin ich darüber informiert, mit wie viel Mühe einige Idealisten Getreide und Gemüse ohne Kunstdünger und Unkrautvertilgungsmittel anbauen, werde ich diese Bauern vielleicht durch eine Abo-Kiste oder den Einkauf im Hofladen unterstützen.

Ich werde den Geschmack eines Brotes wertschätzen, das nicht nur aus ungespritztem Getreide besteht, sondern auch mit Liebe und guten Gedanken gebacken wurde, wie das Brot von Sabine aus Löstrup hier in meiner Nähe. Ich werde Dankbarkeit empfinden für Menschen, die im Sommer das Unkraut zwischen den Roten Rüben mit der Hacke beseitigen, für den Regen, der fällt und alles wachsen lässt, und für die Schöpferkraft, die nach jedem Winter das Leben wieder neu hervorbringt. Ich werde mich daran erinnern, dass Gemüse nicht in der Fabrik wächst, sondern aus der Erde kommt. Ich werde die Erde wieder wertschätzen und achten und dafür sorgen, dass sie nicht noch weiter zerstört, vergiftet und manipuliert wird.

Ganz von selbst werden sich dann auch Einkaufsgewohnheiten ändern und vieles von dem, was zunächst gar nicht durchführbar erscheint, wird sich von selbst erledigen.

Kinder, so meine Erfahrung, lieben das Einfache. Und genau hier können wir ihnen entgegenkommen. Geschnittene Gurke essen sie gern – die raffiniert gewürzte Salatsoße mögen sie nicht. Wenn wir nach und nach bestimmte Dinge wie Süßigkeiten und gezuckerte Joghurts nicht mehr im Haus haben, sind auch Obstteller und Getreideflocken wieder gefragt. Der Geschmack eines Butterbrotes wird wieder gewürdigt und ein Radieschen als solches erkannt.

Wenn wir als Eltern anfangen, wieder so achtsam mit dem Essen umzugehen, wird sich in der Familie etwas ändern. Jon Kabat-Zinn begrüßt die Gäste in seiner Anti-Stress-Klinik mit drei Rosinen. Sie werden angehalten, jede einzelne Rosine genau anzuschauen, anzufassen, ihren Geruch einzuatmen und dann zum Mund zu führen. Sie sollen ihre Gestalt im Mund bewusst wahrnehmen, bevor sie zu kauen beginnen, und sie dann bewusst schmecken. Sie werden dazu ermuntert, sie wirklich erst zu schmecken, bevor sie die Rosinen herunterschlucken.

Erst wenn wir als Eltern begreifen, was Achtsamkeit beim Essen bedeutet, können wir auch unseren Kindern ein Vorbild sein und ihnen ohne viel Worte vorleben, was wir selber erfahren haben. Und auch, wenn es nicht möglich ist, jeden Tag gemeinsam zu essen, wird doch jede Familie am

Wochenende Gelegenheit haben, eine Mahlzeit gemeinsam zuzubereiten und zu genießen.

In einer Familie aus meinem Freundeskreis ist einmal in der Woche »Schweinetag«. Da dürfen alle Familienmitglieder so essen, wie sie wollen. Und das macht den Kindern natürlich großen Spaß! Wer die Alternative zu gutem Benehmen kennen lernt, kann auch Tischsitten auf ihren Wert prüfen und überdenken. Ist es vielleicht gar nicht so schlecht, einmal mit den Fingern zu essen? Als ich neulich bei einer Freundin Geburtstag feierte, trug sie eine wunderschöne Schwarzwälder Kirschtorte herein. Sie schlug uns vor, diese Torte mit den Fingern zu essen. Bei einigen löste das Entsetzen aus, andere fanden es gut. Ich habe es genossen. Wissen Sie, wie sich eine Schwarzwälder Kirschtorte anfühlt? Als ich unsere ungeschickte Art, mit der Torte fertig zu werden, beobachtete, musste ich an Freunde aus Pakistan denken, die mit Eleganz und Geschicklichkeit aus auf dem Boden stehenden Schüsseln mit der Hand aßen. Wie plump benahmen wir uns dagegen!

Als ich klein war, haben wir täglich am Tisch gebetet. Später mochte ich das nicht, weil ich den Sinn nicht einsehen konnte und weil ich es als eine formale Übung abgetan habe. Heute halte ich das Innehalten und Danken vor jedem Essen für besonders wichtig. Es hilft uns und unseren Kindern, mit Achtsamkeit zu essen und die Speisen zu würdigen. Es hilft auch, sich mit den Menschen am Tisch zu verbinden, wenn man sich eine gesegnete Mahlzeit wünscht.

Eine Afrikanerin sagte mir einmal, man müsse in das Essen hineinlachen, wenn es etwas taugen solle. Daran habe ich oft gedacht. Liebe geht schließlich durch den Magen und jeder gute Gedanke wirkt heilsam. Essen kann dann zu einem Fest werden.

Und die Art, wie wir einander das Brot reichen, wird sich ändern.

Miteinander arbeiten

Etwas gemeinsam zu tun löst bei uns fast immer ein gutes Gefühl und eine Menge Zufriedenheit aus. Bei uns auf dem Land ist es üblich, dass Nachbarn einander helfen und Familienangehörige zusammenarbeiten, zum Beispiel gemeinsam Zäune setzen oder Häuser ausbauen, Heu einfahren oder Steine vom Acker sammeln.

Auch werden die Toten von den Nachbarn im Sarg zum Friedhof getragen. Ich empfinde das als einen würdevollen Abschied und als eine sehr sinnvolle Sitte.

In der Stadt ist eine solche Gemeinsamkeit seltener zu finden, aber Familien können sie wieder entdecken. Es ist wesentlich angenehmer, mit der ganzen Familie zu putzen, als das allein zu tun, und es macht auch mehr Spaß, gemeinsam zu kochen.

Kinder arbeiten gern. In dem Film *Lob des Fehlers* zeigt Reinhard Kahl eine Schulklasse, die auf einem Gelände in Hamburg Mittelalter erlebt. Gefragt, wie ihnen das der Realität nachempfundene Spiel gefällt, äußern sich alle begeistert. »Was ist denn so schön hier?«, fragt daraufhin der Reporter. »Dass wir hier arbeiten dürfen!«, lautet ihre Antwort.

Gemeinsames Arbeiten gibt Menschen das Gefühl, wichtig zu sein und etwas leisten zu können, es vermittelt Selbstwertgefühl und Stolz.

Kinder haben heute kaum noch Gelegenheit, an einem Schaffensprozess beteiligt zu sein. Sie finden alles fertig vor, wollen immer mehr haben und sind gleichzeitig immer unzufriedener. Haben macht nicht glücklich! Zufrieden sind Menschen, die etwas zustande bringen: ein geputztes Fenster, einen leckeren Salat, einen gestrickten Strumpf ...

Oft fehlt es uns heute an Geduld, Kindern etwas beizubringen, was wir selber noch gelernt haben. Praktische Fächer wie Kochen, Handarbeit und Werken gibt es in Schulen immer weniger. Sollen unsere Kinder einen Volkshochschulkurs belegen, um zu lernen, wie man Knöpfe annäht oder Löcher stopft?

Zum Glück gibt es in manchen Familien Großeltern, die ihre Fähigkeiten an Enkel weitergeben. Was aber machen die vielen Kinder, die keine Großeltern mehr haben?

Ich halte es für notwendig, ein Bewusstsein dafür zu schaffen, dass gemeinsames Arbeiten etwas sehr Wichtiges und äußerst Wertvolles ist.

Vielleicht gibt es ja einen Nachbarn, der weiß, wie man ein Fahrrad flickt oder ein Gemüsebeet anlegt? Vielleicht können ja in Kindergärten gemeinsame Zeiten für die Reparatur von Spielsachen organisiert werden, bei denen die Kinder mithelfen? Oder die Außenflächen werden gemeinsam begrünt. Vielleicht hilft die ganze Familie beim Hausputz für die kranke Tante oder beim Buffet für Opas Geburtstag? Vielleicht werden auch im Frühjahr die Topfpflanzen gemeinsam umgesetzt und täglich gepflegt?

Wenn Kinder heute nicht einmal mehr die Einladungskarten für ihren Geburtstag selber gestalten, ist das für mich ein trauriges Zeichen. Wir geben immer mehr Verantwortung ab und verlieren dadurch immer mehr an Achtung vor uns selbst und unseren angeborenen Fähigkeiten. Aus dieser Unzufriedenheit erwächst ein Kreislauf von Missachtung, der sich im menschlichen Miteinander deutlich zeigt.

Wenn Familien anfangen, wieder etwas gemeinsam zu tun, ihr Leben aktiv zu gestalten und etwas gemeinsam zu schaffen, und wenn sie sich dabei gegenseitig wertschätzen und anerkennen, wird sich etwas verändern. Glückliche Menschen können lieben und arbeiten. Und es gibt wirklich ganz viel zu tun.

Miteinander spielen

Spielen ist eine kreative und leichte Variante der Arbeit. Beim Spiel kommt es nicht auf das Endergebnis an, sondern auf das Tun. Beim Spielen verdient man kein Geld – vielleicht mögen es deshalb manche Erwachsene nicht?

Wer Kinder beim Spielen beobachtet, weiß, dass Spiel auch sehr ernst sein kann – und trotzdem macht Spielen Spaß und bringt viel Freude. Dass wir alle durch Spielen auch sehr viel lernen, ist inzwischen hinlänglich bekannt. Ganze Symposien werden zum Thema Spiel veranstaltet – von Erwachsenen versteht sich. Aus der alten Handwerkersprache hat sich bis heute der Begriff »Spiel haben« erhalten. Wenn eine Schublade Spiel hat, sitzt sie genau richtig, weder zu fest noch zu locker. Warum spielen wir dann so selten?

In vielen Familien ist Fernsehen interessanter. Das ist aber nur scheinbar so. Kinder würden ein gutes Spiel, an dem sich alle beteiligen, durchaus vorziehen. Nur bieten wir ihnen zu wenig Gelegenheit.

Ein Säugling ergreift im zweiten Monat irgendwann seine Hand und betrachtet sie aufmerksam. So beginnt das Spiel mit Händen und Füßen, mit Ringen und Klappern. Gibt man dem Baby Gelegenheit, mit anderen Kindern Kontakt aufzunehmen, kann man bald ein Geben und Nehmen von Spielzeug oder anderen Gegenständen beobachten.

Die ersten Spiele von Kleinkindern beziehen sich auf Beobachtungen der Erwachsenenwelt. Da werden Puppen gefüttert und Autos hin und her bewegt. Noch vor dem dritten Lebensjahr nehmen Kinder Rollen ein und spielen so miteinander. Sehr früh lernen Kinder im Spiel Regeln kennen und anwenden. Sie lernen, »Bitte« und »Danke« zu sagen, Geduld zu üben und geschickt zu sein. Sie lernen, mit anderen zusammenzustehen und durchzuhalten.

Umgekehrt können sich Erwachsene im Spiel entspannen. Sie können lachen und wieder zum Kind werden, alte Fähigkeiten neu entdecken und ihre Kinder aus einer anderen Sicht kennen lernen.

Das Familienleben wird durch Spiele geprägt und sie sind es, die übrig bleiben, wenn es die Familie nicht mehr gibt. Astrid Lindgren hat in ihren Büchern die ganze Bandbreite der Spiele ihrer Kindheit festgehalten. Schon beim Lesen dieser Spiele, von denen viele heute gar nicht mehr möglich sind, wird man froh. Und wenn bei Astrid Lindgren die hart arbeitenden Erwachsenen ab und zu auch mit den Kindern spielten, waren das besondere Höhepunkte.

Wenn wir uns heute Zeit nehmen, mit unseren Kindern gemeinsam zu spielen, haben alle etwas davon. Die Erwachsenen, weil sie sich entspannen und ihre Kinder einmal ganz anders wahrnehmen können, die Kinder, weil sie ihre Eltern in neuen Rollen erleben und weil sie sich Zeit für sie nehmen. Spielerisch werden Regeln beachtet, Siege und Niederlagen verkraftet, beim Spiel wird Geduld geübt und Spannung ausgehalten.

Etwas umsorgen

Als meine Tochter klein war, habe ich ihr einmal erklärt, dass man mit Pflanzen reden kann und dass diese dann nachweislich besser gedeihen. Seitdem redet sie regelmäßig mit verschiedenen Topfpflanzen. In unserem Garten wächst ein Kirschbaum, der im letzten Jahr kaum noch Blätter und gar keine Kirschen trug. Meine Tochter nennt diesen Baum Kerstin. Als wir kürzlich gemeinsam mit einer Freundin über Pflanzen sprachen und darüber, dass man ihnen mit positiver Energie helfen kann, sagte meine Tochter: »Das beste Beispiel ist Kerstin. Ich rede jetzt seit zwei Jahren mit ihr und sie hat wieder Blätter und diesmal auch Kirschen.« Das stimmt tatsächlich.

Sich um etwas zu kümmern, einer Pflanze, einem Tier oder einem Menschen gute Gedanken und Worte zu schicken stimmt einen zuversichtlich und froh.

Als wir noch in Berlin lebten, wurden auf dem Schulhof der Grundschule meiner Kinder Apfelbäume gepflanzt. Das war eine wunderbare Aktion, die für alle unvergesslich geblieben ist. Es machte den Kindern Freude, die Bäume zu gießen und täglich nach ihnen zu schauen. Man muss also keinen eigenen Garten haben, wenn man etwas umsorgen möchte. Eine Zimmerpflanze freut sich auch über Zuwendung. Versuchen Sie einmal, einer Pflanze Liebe zu schenken, und beobachten Sie, was passiert.

In dem Moment, in dem Sie sich achtsam um etwas kümmern, werden Sie bei sich Zufriedenheit spüren. Wer Liebe schenkt, bekommt auch etwas zurück.

Miteinander lachen

Wir haben in unserer Küche einen Cartoon-Kalender hängen, der für jeden Tag einen Witz bereithält. Mein Bruder hat ihn mir geschenkt und ich bin ihm sehr dankbar dafür. Die meisten dieser Blätter sammle ich. Manchmal zeige ich Menschen, die in meine Praxis kommen, eine solche Zeichnung, und manchmal schaue ich mir die ganze Sammlung an, bis ich vor Lachen Bauchschmerzen bekomme. Das Leben ist wirklich ein Witz! Und meistens nehmen wir es viel zu ernst.

Vielleicht kennen Sie aus Ihrem Bekanntenkreis auch Menschen – meistens sind es Männer –, die es verstehen, einen fortwährend zum Lachen zu bringen. Ich glaube, dass solche Menschen zu den größten Heilern auf dieser Welt gehören. Und oft wissen sie es noch nicht einmal. Sagten wir es ihnen, würden sie sofort einen Witz darüber machen. Sie decken immer wieder, und ohne dass wir anfangen darüber nachzudenken, eine große Wahrheit auf: Unsere Probleme sind lächerlich.

Wie Sie sicher aus vielen witzigen Filmen wissen, gibt es keine Dinge im Leben, die so traurig sind, dass man nicht trotzdem über sie lachen könnte. Es kommt immer auf die Sichtweise und die Darstellung an. Entsprechend kann jeder von uns sein eigenes Leben auch als Drama, als Trauerspiel, Lustspiel oder Komödie interpretieren.

Stellen Sie sich vor, Sie dürften sich eine Rolle auswählen: In welchem Stück wollen Sie mitspielen? Ich empfehle Familien, die einen Videorekorder besitzen, einige Witzfilme zu kaufen und sich den einen oder anderen ab und zu anzuschauen. Und obwohl ich überhaupt nicht gern fernsehe, möchte ich eine ganz bestimmte, mir lieb gewordene Kabarettsendung nicht verpassen. Interessant ist, dass die Schauspieler in den wirklich witzigen Szenen nicht lachen dürfen. Ich bewundere diese Fähigkeit zutiefst und frage mich, wie die Schauspieler das schaffen. Ob Dieter Hallervorden im Kabarett gerade an etwas Trauriges denkt? Stellen Sie sich einmal vor, Sie wären Schauspieler in einem witzigen Stück, das Ihr Leben wiedergibt, dürften aber nicht lachen. Sie müssten auch die komischsten Szenen ganz ernst spielen! Genau wie im Alltag, nicht wahr?

Der Alltag von Müttern grenzt zumindest oft ans Absurd-Komische. Versuchen Sie sich doch einmal auszumalen, Ihren nächsten Ehestreit für einen komischen Film zu drehen oder im Kabarett aufzuführen. Planen Sie eine Familienszene beim Essen mit Ihrem Lieblingsschauspieler oder als Stummfilm mit Charlie Chaplin!

Wenn wir anfangen, einzelne Szenen aus unserem Leben einfach ein bisschen zu übertreiben, kommen wir aus dem Kichern nicht mehr heraus.

Miteinander weinen

Ich habe viele Menschen meiner Generation getroffen, die das Weinen verlernt haben. Es ist ihnen einfach peinlich zu weinen und viele Männer haben als Jungen gesagt bekommen: »Ein Junge weint nicht.« Eine Bekannte formulierte es neulich so: »Ich möchte nicht, dass meine Tochter auf die Heulschiene kommt.« Bei dem Wort »Heulschiene« musste ich an meine eigene Kindheit denken. Mit »Heulschiene« ist wahrscheinlich das gemeint, was meine Schwester früher auch an mir so gehasst hat: Ich heulte und bekam dann von den Eltern das, was ich wollte.

Viele Menschen können Tränen nicht ertragen. Wenn sie jemanden weinen sehen, fühlen sie sich schuldig oder hilflos, manchmal auch ärgerlich. Die Tonhöhe, in der ein Kind weint, kann einen sehr nervös machen. Das Schluchzen oder der Anblick von Tränen löst in einem selbst Gefühle aus, die offenbar für viele Menschen schwer auszuhalten sind.

Es gibt ganz unterschiedliche Gründe, warum ein Kind weint. Da ist zunächst die Trauer. Wenn ein Meerschweinchen stirbt, der Papa auszieht oder die Großmutter beerdigt wird, ist Trauer meistens noch gestattet. Es darf geweint werden. Kinder und Erwachsene können aber aus sehr viel mehr Gründen abgrundtief traurig sein. So haben mir viele Mütter erzählt, dass ihre Kinder abends in den Betten liegen und um die aussterbenden Tiere weinen. Sie trauern um die Zerstörung ihrer Lebensgrundlagen. Ich halte das für sehr berechtigt. Der Abschied von der Schule oder das Ende der Grundschulzeit ist auch häufig mit Trauer verbunden. Kinder, die sich oft untereinander nicht verstanden haben, finden plötzlich zusammen in der Ahnung, was ihnen bald fehlen wird. Das Bewusstsein, bald oder schon jetzt kein Kind mehr zu sein, löst Trauer aus.

Trauer ist immer mit Abschiednehmen und Loslassen verbunden – das kann Menschen, Tiere, Pflanzen, Steine, aber auch Gegenstände, Gebäude oder Landschaften betreffen. Leben heißt ja in gewisser Weise auch, sich mit der Umgebung und all dem, was sich in ihr findet, zu verbinden, es lieben und achten zu lernen. Dennoch zwingen uns die Lebensumstände selbst immer wieder, Abschied zu nehmen. Alles ist in dieser Welt vergänglich. Eine buddhistische Lehre besagt, dass viel Unglück durch Anklammern entsteht. Wenn wir uns an Menschen, Tiere, Pflanzen und Gegenstände klammern, werden wir früher oder später unglücklich und tieftraurig werden. Erkennen wir aber in der Rosenblüte schon ihre Vergänglichkeit, wird die Trauer nicht so groß sein.

Die Trauer ist aber eine Realität. Es nützt uns nicht, wenn wir sie verdrängen. Weinen hilft uns, Trauer zuzulassen. Mit den Tränen können wir loslassen lernen. Sie spülen viel hinweg und lassen auch Neues entstehen, wie wir aus dem Märchen von Aschenputtel lernen können. Dadurch, dass das Mädchen regelmäßig am Grab seiner Mutter weint, wächst aus dem Reis ein Haselnussbaum, der seine Wünsche erfüllt und letztlich bewirkt, dass es sich mit dem Prinzen im Schloss vermählt.

Nora arbeitet als Angestellte in einer großen Firma. In letzter Zeit ist sie dauernd krank. Verspannungen im Nacken- und Schulterbereich, Rückenschmerzen und plötzliche Schwindelgefühle machen sie arbeitsunfähig. Als sie zu mir kommt, denkt sie zunächst an Entspannungsübungen. Wir merken aber beide bald, dass sie sich sehr gut entspannen kann. Etwas anderes liegt ihr auf der Seele, etwas, was sie verdrängt hat. Vor einem Jahr ist der geliebte Großvater gestorben. Als Nora ihn im Krankenhaus besuchen wollte, war es schon zu spät. Das Leben ging dann in gewohntem Stress weiter. Für Trauer war da keine Zeit und auch nicht für Gespräche innerhalb der Familie und untereinander. Dabei hat sich Nora insgeheim Vorwürfe gemacht, dass sie sich von ihrem Großvater, an den sie so viele gute Erinnerungen hat, nicht richtig verabschieden konnte. Aber da war niemand, der ihre Trauer verstanden hätte, und deshalb kann Nora erst jetzt, als sie mir das alles erzählt, richtig weinen.

Weinen hilft. Wissenschaftler haben herausgefunden, dass mit den Tränen Schmerz und Stress aus dem Körper herausgespült werden. So können wir nach dem Weinen auch wieder fröhlich werden.

Ich habe Nora dann vorgeschlagen, auf dem Friedhof am Grab in Gedanken mit dem Großvater zu sprechen und ihm noch einmal all das zu sagen, was sie ihm sagen möchte. Bei unserem nächsten Treffen begegnet mir Nora dann mit einem gelassenen Lächeln. »Ich habe ganz deutlich seine Stimme gehört«, sagt sie mir, »und noch einmal schrecklich geweint. Aber jetzt ist es gut.«

Tränen fließen auch bei Verletzungen und Enttäuschungen. Körperliche Schmerzen bringen uns zum Weinen, aber auch seelische. Letztere wurden in der Vergangenheit häufig nicht akzeptiert und mit einem »Stell dich nicht so an« oder »Nun hab dich nicht so!« abgetan. In Kriegs- oder Hungerzeiten mussten solche Sätze vielleicht gesagt werden. Heute dürfen wir uns unsere Verletzungen mitteilen, um daraus zu lernen und uns weiterzuentwickeln.

Viele Erwachsene haben mir berichtet, was man zu ihnen in ihrer Kindheit gesagt hat. Sätze, die sie seit ihrer Kindheit mit sich herumtragen und die sie tief verletzt haben. »Du bist mein Unglück!«, »Du hast Vater ins Grab getrieben!«, »Aus dir wird nie was!« gehören in die Sammlung verletzender Sätze, die wir aus unserem Vokabular streichen sollten.

Natürlich können auch Handlungen, Reaktionen und Verhaltensweisen verletzen. Wenn ich eine aufwendige Soße gekocht habe und mein Mann zur Ketchupflasche greift, kann ich mich verletzt fühlen. Wenn jemand eine Pflanze ausreißt, die ich gepflegt habe, verletzt mich das auch. Wenn jemand die Augen verdreht, weil ich weine, fühle ich mich abgelehnt und bin verletzt. Wenn ich dem einen Kind etwas schenke, dem anderen aber nichts gebe, fühlt es sich zurückgesetzt und unverstanden.

Oft merken wir gar nicht, wie wir andere mit unserem Verhalten oder mit unseren Reaktionen verletzen. Wir erkennen dann nur an den Tränen oder der veränderten Stimmung, dass wir etwas ausgelöst haben müssen.

Mein Mann weiß vielleicht gar nicht, wie viel Mühe mich diese raffinierte Soße gekostet hat! Es lohnt sich daher immer, nachzufragen. Die Art und Weise, wie wir das tun, ist dabei entscheidend. »Was ist denn jetzt schon wieder los???!« motiviert unser Gegenüber gewiss nicht, seine Verletztheit zu erklären. Wer das Gefühl hat, nicht verstanden zu werden, zieht sich zurück. Wenn wir aber liebevoll fragen: »Habe ich dich verletzt?« und dabei vielleicht den anderen noch sanft berühren, hat er eine Chance. Erwachsene und Kinder müssen lernen, dass es sich lohnt, über Verletzungen zu sprechen. Es lohnt sich dann, wenn jemand da ist, der zuhört und der akzeptiert, dass Verletzungen traurig machen.

Aus einer buddhistischen Gemeinschaft ist mir folgendes Ritual bekannt, das dort »Neubeginn« genannt wird. Es lässt sich meiner Meinung nach auch in Familien anwenden. Bei diesem Ritual sitzen die Menschen schweigend im Kreis, in ihrer Mitte steht eine Vase mit frischen Blumen. Die Person, die bereit ist, zu sprechen, legt die Handflächen aneinander und nimmt sich dann die Vase mit den Blumen. Sie beginnt, über die guten Eigenschaften einer anderen oder mehrerer anderer zu sprechen. Diese Phase wird »Blumengießen« genannt, denn solche positiven Sätze lassen uns wachsen wie Blumen, die gewässert werden. Jeder darf so lange sprechen, wie er oder sie möchte, und niemand darf dazwischenreden, den anderen unterbrechen oder das Gesagte kommentieren. Hat der oder diejenige geendigt, wird die Vase zurück in die Mitte gestellt.

In der zweiten Phase spricht jeder über Dinge, Ereignisse oder Worte, die er oder sie selber bedauert und bereut. Es geht also um Handlungen und Verhaltensweisen, die uns Leid tun – gedankenlose Sätze, unüberlegte Handlungen, Achtlosigkeit. Wir haben hier die Chance, etwas Bedauerliches zurückzunehmen.

In der dritten Phase wird zum Ausdruck gebracht, wie andere uns verletzt haben. Dabei ist eine liebevolle Redeweise – zumindestens vonseiten der Erwachsenen – entscheidend. Es geht um Heilung, nicht um Rache. Wichtig ist auch, dass die anderen aufmerksam und mitfühlend zuhören. Nicht mehr und nicht weniger. Es wird nicht kommentiert, beschuldigt oder gestritten. Es wird weder gerechtfertigt noch widerrufen. Selbst wenn wir eine völlig andere Wahrnehmung der Ereignisse haben, kommt es in dieser Zeremonie darauf an, zu schweigen. Später können wir in Ruhe unsere Sichtweise darlegen, wenn uns das notwendig erscheint.

Das Ritual wird mit einem Lied oder schweigend beschlossen. Dabei sollten sich alle an den Händen fassen. Manchmal, so schreibt Thich Nhat Hanh, wird diese Zeremonie auch mit einer Umarmungsmeditation geschlossen.

Lebendig sein

Zum Leben gehört ein ständiger Wandlungsprozess. In alten Kulturen wurde dieser Wandlungsprozess durch drei Göttinnen symbolisiert, die auch mit den drei Lebensphasen Kindheit, Erwachsenenalter und hohes Alter beziehungsweise Tod in Beziehung stehen. Die *Jungfraugöttin* ist der Überlieferung nach unschuldig und eins mit allem. Sie sieht die Welt mit den Augen eines Kindes, staunend und gleichzeitig wissend um das große Ganze. Die *Muttergöttin* lebt aus der Dualität, dem Ich und dem Du, der Mutter und dem Kind, dem »Guten« und dem »Bösen«. Sie spiegelt sich im Gegenüber. Die *Wandlungsgöttin* stirbt und vergeht, um wieder aufzustehen. Auch der Mond mit seinen Phasen des Werdens und Vergehens dient in vielen Kulturen als Zeichen des ewigen Wandels.

Wir sind schweigsam und laut, jung und alt, lebhaft und still, friedlich und streitsüchtig, ärgerlich und fröhlich, wütend und gemein, hilfsbereit und freundlich. Auch wenn wir uns oft nach Ruhe und Frieden sehnen – Streit, Leidenschaft und laute Auseinandersetzungen, Herumtoben, Albernsein, Verzweiflung und Einsamkeit gehören zum Leben wie das Blut in unseren Adern. Lebendig sein bedeutet auch, laut zu sein, sich zu bewegen, herumzutoben. Für Kinder ist das Lautsein wichtig, es ist ein Zeichen ihrer Lebensfreude, ein Ausdruck ihres Selbst. Leider sind viele Familien oft dazu gezwungen, die Kinder zum Stillsein zu ermahnen. Sie müssen ihnen das Springen verbieten oder ihr Schreien unterdrücken, weil sich sonst die Nachbarn beschweren oder der Vermieter Ärger macht. Ich finde das deshalb so schlimm, weil Kinder dadurch von ihrer Lebenslust abgeschnitten werden – und das in einer Welt, in der der Lärm unserer Maschinen und Geräte widerhallt. Dann setzen wir unsere Kinder vor den Fernseher oder Computer, damit sie leise sind. Das ist absurd und schlimm – denn schließlich haben wir die Welt so eingerichtet, wie sie ist – und lassen jetzt unsere Kinder darunter leiden.

Wenn Sie in einem Haus wohnen, in dem Ihre Kinder leise sein müssen, gehen Sie so oft wie möglich nach draußen. In der Natur können Kinder laut sein, dürfen springen, hopsen und schreien, wenn ihnen danach ist.

Elektronische Geräte – auch Kassettenrekorder und CD-Player – unterbinden die Aktivität des Kindes und damit letztlich das eigene Gefühl für Lärm und Stille. Selbst erzeugte Geräusche und Musik aller Art, die das Kind selber produziert, machen es wach und lebendig, empfänglich für den Rhythmus seines Selbst und der Natur, empfänglich für lautes und leises Sein.

Haben Sie einmal erlebt, wie es ist, wenn Menschen trommeln? Wenn Sie Ihren Rhythmus gefunden haben, wird eine Energie frei, die belebt und glücklich macht. Musik lebt aus der Dynamik von Stille und Stärke. Kinder brauchen diese Dynamik auch. Sie wollen ihren eigenen Ausdruck, ihr eigenes Temperament finden und erproben, sich ausprobieren und experimentieren. Wenn wir ihnen hierzu keine Möglichkeiten geben oder sie mit fremdbestimmten Geräuschen »zudröhnen«, nehmen wir ihnen eine wichtige Entwicklungschance. Ich finde es deshalb so wichtig, schon kleine Kinder an einfache Instrumente heranzuführen und sie mit Klängen und Geräuschen experimentieren zu lassen. Haben Sie schon einmal beobachtet, wie glücklich ein gut einjähriges Kind mit einem Holzlöffel auf einen Kochtopf schlägt? Warum schreien und quietschen Kinder vor Vergnügen? Selbst erzeugter »Lärm« ist Ausdruck unserer Lebensfreude und Kinder, die zum Stillsein gezwungen werden, sind von ihren besten Energien abgeschnitten. In diesem Zusammenhang fiel mir das folgende Lied ein, dessen Verfasser oder Verfasserin mir leider unbekannt ist.

Ich bin schön
Ich bin heil
Ich bin wild
Ich bin frei
In mir brennt das Feuer der Liebe
Die Liebe öffnet mein Herz

Worüber Familien streiten – Erste Hilfe bei häufigen Problemen

Lebendige Familien streiten sich, aber sie vertragen sich auch wieder. Streit hat mit Bedürfnissen zu tun, und Bedürfnisse ändern sich im Laufe des Lebens. (Das ist zum Beispiel daran erkennbar, dass bestimmte Spielsachen, die unsere Kinder einst heiß begehrten, später achtlos auf dem Dachboden herumstehen.)

Immer wieder gibt es Dinge, die uns das Leben zur Hölle machen. Kleine Kinder schlafen nicht durch und martern uns nachts mit ihrem Geschrei. Große Kinder sind nachts plötzlich weg, wir wälzen uns dann besorgt im Bett herum und fragen uns, wann sie endlich nach Hause kommen.

Es ist normal, dass zwei Menschen unterschiedliche Bedürfnisse haben, und wenn es sich um eine Familie mit drei, vier oder fünf Personen handelt, gibt es Konfliktstoff genug. Das Vertrauen in die Lösbarkeit von Konflikten wird mit jedem erfolgreich gelösten Konflikt wachsen. Jeder gelöste Konflikt ist eine wertvolle Erfahrung, die uns zeigt, dass Gemeinschaft lebbar ist.

Die Sache mit dem Geld

Viele Paare streiten sich um Geld. Allerspätestens vor dem Scheidungsrichter tritt ein Hass zutage, der manchmal unüberwindlich scheint. Da Geld in unserem Leben eine zentrale Rolle spielt, handelt es sich hier auch um eine empfindliche Stelle, an der wir leicht den anderen treffen können: Mit Geld haben wir alle zu tun und für viele ist es gleichbedeutend mit Wert. Wenn ich kein Geld habe, bin ich nichts wert, und wenn mir mein Partner nicht genug Geld gönnt oder gibt, bin ich ihm nichts wert. »Bei Geld hört die Freundschaft auf«, so lautet ein bekanntes Sprichwort. Umgekehrt hört es sich für mich aber besser an: Am Umgang mit Geld erkennt man wahre Freunde. Ich habe das im Leben immer wieder erfahren.

Normalerweise verdient »man« Geld, bevor man sich als Paar zusammentut. Solange die Verliebten getrennt wohnen, spielt Geld in der Regel keine große Rolle. Zieht das Paar dann zusammen, müssen die ersten Konflikte gelöst werden. Wer zahlt was? Ist es gerecht, alle Kosten zu teilen, wenn einer mehr verdient als der andere? Wie viel »Miete« zahlt er, wenn er bei ihr einzieht – oder umgekehrt? Die Sache verkompliziert sich erheblich, wenn einer der beiden kostenfrei im Elternhaus wohnt oder ein Partner schon ein Kind aus einer anderen Beziehung mitbringt.

Ist das erste gemeinsame Kind geboren, verändert sich die finanzielle Lage erneut. Einer der beiden betreut das Baby, in der Regel die Mutter, und muss dadurch erhebliche finanzielle Verluste hinnehmen. Wie reagiert der Partner finanziell auf diese Veränderung?

Je knapper das Geld und je größer die Bedürfnisse der Beteiligten, desto dramatischer werden die Auseinandersetzungen. Wenn man die Konflikte jedoch analysiert, stellt man bald fest, dass es wieder um Ängste geht.

Oft hat ein Partner Angst, zu kurz zu kommen. Dabei werden Gefühle aus der Kindheit aktiviert. Es lohnt sich, darüber zu reden, wie Vater oder Mutter durch welches Verhalten dieses Gefühl in der Kindheit ausgelöst haben und welche Verhaltensweisen des Partners diese Erinnerungen beleben. Erst das Verständnis für die damalige Situation hilft meistens, den Konflikt zu klären.

Hauke und Hanna haben drei Kinder. Hanna führt den Haushalt und kümmert sich um die Kinder, während Hauke das Geld für die Familie verdient. Immer wieder wirft Hauke Hanna vor, zu viel Geld auszugeben. Aus früheren Gesprächen weiß Hanna, dass Haukes Vater früh verstorben ist. Hauke glaubt, dass eine Ursache für seinen Herzinfarkt die Akkordarbeit war. Er erinnert sich auch, dass seine Mutter seinem Vater ständig vorwarf, zu wenig zu verdienen, so dass dieser sich gezwungen sah, immer mehr zu arbeiten. »Mein Gefühl ist, dass du Angst hast, du müsstest dich wie dein Vater zu Tode arbeiten«, sagt Hanna eines Tages zu Hauke. »Aber genau das möchte ich nicht. Ich bin bereit zu sparen und ich möchte auf keinen Fall, dass du noch mehr arbeitest als jetzt.« Hauke ist verblüfft und erkennt bald, dass Hanna den Nagel auf den Kopf getroffen hat: Sie hat seinen wunden Punkt, seine Angst, genauso früh zu sterben wie sein Vater, getroffen und benannt. Jetzt kann sich das Paar zusammensetzen und überlegen, welche Ausgaben wirklich notwendig sind und wo sich etwas einsparen lässt. Hanna ist auch bereit, sich ein Jahr später eine Halbtagsstelle zu suchen, um die finanzielle Situation zu entlasten.

Unterschiedliche Wertvorstellungen spielen in Geldfragen ebenfalls eine Rolle. Ulrich ist bei den Grünen aktiv und hält Umweltpolitik für seine Lebensaufgabe. Heike ist ebenfalls umweltbewusst, möchte aber »auch mal eine Ausnahme machen«, wie sie das nennt. Als sie für ein Fest bei Aldi einen Großeinkauf macht, wird Ulrich sauer: »Du wirfst einem Umweltverschmutzer Geld in den Rachen!«, wirft er ihr vor. »Ich kann doch nicht für 50 Gäste im Bioladen einkaufen!«, entgegnet sie. »Das ist viel zu teuer!«

In unseren Paarseminaren lassen mein Mann und ich oft von den Teilnehmern Ranglisten mit Werten erstellen. Unabhängig voneinander soll jeder zehn Werte, die ihm oder ihr am Herzen liegen, aufschreiben und in eine Rangfolge bringen. An oberster Stelle rangiert der wichtigste Wert. Sehr selten gibt es Paare, die denselben Wert auf den ersten Platz setzen. Das ist ganz normal und verständlich, denn jeder von uns hat seine eigene

Lebensaufgabe und sein eigenes Lebensziel. Es ist aber für beide Partner gut zu wissen, was dem anderen ganz wichtig ist – nur so verstehen sie einander und akzeptieren sich gegenseitig. In Heikes Fall wäre es wahrscheinlich sinnvoll gewesen, das Problem gemeinsam zu lösen. Wie beköstige ich 50 Personen ökologisch? Ulrich hätte sich dann auch den Kopf darüber zerbrechen müssen. Heike hätte ihn um schmackhafte, preiswerte Rezepte bitten oder aber klar sagen können: »Wenn ich Gastgeberin bin, kaufe ich auch allein und selbstbestimmt ein.«

Wenn wir gegen die zentralen Werte unseres Partners verstoßen, ist das immer wie ein Schlag ins Gesicht. Werte müssen sich aber auch überprüfen lassen und müssen aktualisiert werden. So haben wir heute zum Beispiel mehr Informationen über das Ozonloch als noch vor zehn Jahren, und die Frage, zum Beispiel das eigene Auto abzuschaffen, ist heute viel aktueller als damals. Wenn die Wertesysteme innerhalb einer Partnerschaft auseinander klaffen, wird es immer ernste Probleme geben. Entweder entwickeln beide Partner dann eine entsprechende Toleranz oder sie trennen sich. Bleiben sie trotzdem zusammen, hat oft einer der beiden Angst, zu seinen Werten zu stehen. Er befürchtet dann, verlassen zu werden, sobald er sich zu seinen wertbedingten Bedürfnissen bekennt. Auf der Basis der Angst kann Partnerschaft jedoch niemals gedeihen.

Beim Thema *Geld* kommt häufig noch die Ungerechtigkeit hinzu. Heute werden Reiche nicht selten immer reicher und Arme immer ärmer. Gerade kinderreiche Familien haben oft kaum eine Chance, in Wohlstand zu leben, und können sich nicht das leisten, was für andere zum Lebensstandard gehört. Das macht manche Menschen wütend. Warum die anderen und nicht ich?, denken sie dann. Zusätzlich wird hier emotional wieder belebt, was viele schon aus ihrer Kindheit kennen: Andere werden ihnen »vorgezogen«. Hat nicht meine Schwester immer die tolleren Geschenke vom Vater bekommen und ist nicht mein Bruder immer der Glückspilz gewesen? Das gleiche, entsetzliche Gefühl, das wir schon als kleines Kind erlebt haben, nämlich zurückstecken zu müssen, stellt sich wieder ein.

In der buddhistischen Tradition werden Neid und Gier als Dämonen betrachtet. Auf Wandteppichen oder anderen Bildern kann man sich ihre Furcht erregenden Gestalten anschauen. Diese Gefühle sind offenbar so alt wie die Menschheit selbst. Wir können sie erst überwinden, wenn wir glauben, dass alles seinen Sinn hat. Der Reichtum genauso wie die Armut. Beides sind Schulungswege, die uns helfen können, zu mehr Weisheit zu gelangen. Könnte es nicht sein, dass Reiche das Teilen lernen sollen und Arme das Bitten? Könnte es nicht sein, dass ich einsehen kann, dass mein Bruder zwar in finanzieller Hinsicht Glück, in anderer jedoch auch Pech hat? Und haben die tollen Geschenke, die meine Schwester vom Vater bekommen hat, ihr wirklich gut getan? Hat es nicht auch einen Sinn, dass ich selbst sie nicht bekommen habe?

»Geld macht nicht glücklich«, so lautet eine Binsenweisheit. Armut macht auch nicht automatisch unglücklich – wie uns indische Heilige lehren, die nichts als ein Tuch um den Leib und ihre Glückseligkeit besitzen.

In ihren Kinderbüchern beschreibt Astrid Lindgren anschaulich, wie Arme und weniger Arme damals in Schweden zusammengelebt haben. Bei Lindgren gibt es die Armenhäusler, die der kleine Michel aus Lönneberga zu Weihnachten beköstigt, und da gibt es Maditas Nachbarn, die Nilsons, die um ihre Kommode bangen, weil sie gepfändet werden soll. Die Akzeptanz dieser Menschen untereinander, ihr neidloses Nebeneinander sind eingebettet in den Glauben an eine »höhere Vernunft«, an einen Sinn, der heute so vielen Menschen fehlt.

Doch zurück zum Familienetat. Es gibt unglaublich viele Varianten, das Geld einer Familie zu verwalten. In manchen Familien führen die Männer Buch über das Geld, in anderen die Frauen. Kinder und Partner erhalten dann ein Taschengeld in ausgehandelter Höhe. In anderen Familien bestimmt jeder über sein selbst verdientes Geld und die fixen Kosten wie Miete, Lebensmittel, Versicherungen und Ähnliches werden gerecht verteilt. Es lohnt sich immer, während eines bestimmten Zeitraumes oder auch generell ein Haushaltsbuch zu führen, in das alle Kosten, Einnahmen und Ausgaben, eingetragen werden, um festzustellen, wo das Geld bleibt und wo eventuell gespart werden kann. Eine solche Buchführung verschafft

Klarheit – Probleme löst sie nicht. Erst wenn beide Partner bereit sind, in gegenseitiger Wertschätzung über Ängste und Bedürfnisse zu reden, lassen sich Kompromisse und Lösungen finden. Der erste Schritt beim Streit ums Geld sollte sein, darüber nachzudenken, um was es im Grunde genommen wirklich geht. Wenn man sich über Geld streitet, geht es in den meisten Fällen um etwas ganz anderes: um Angst, Neid, Ungerechtigkeit, Freiheit ... Geld kann man nun mal nicht essen.

Sex oder Liebe?

Es gibt wohl kaum eine langjährige Beziehung, in der das Thema »sexuelle Bedürfnisse« nicht irgendwann einmal eine zentrale Rolle spielt. Es gibt dicke Bücher darüber, dass Männer »immer nur Sex« und Frauen »Liebe« wollen. Von Frauen, die ihre Männer sexuell unattraktiv und langweilig finden und die sich nach »mehr« sehnen, hört man dagegen weniger, aber auch sie gibt es immer häufiger.

Im Gegensatz zur Tierwelt, in der die Triebe genau geregelt sind und in der die Paarungszeiten festen Rhythmen unterliegen, haben wir Menschen die Freiheit bekommen, unsere Sexualität zu genießen, wann immer wir das wollen. Allerdings – es klappt meistens nicht.

Umfragen bestätigen immer wieder, dass Frauen mit ihren Männern gern mehr reden würden, dass sie Komplimente hören möchten, im Alltag unterstützt werden wollen und Humor schätzen. Männer beklagen sich häufig über den Mangel an Sex und die fehlende Anerkennung ihrer Arbeit außerhalb der Familie. Sie fühlen sich von ihren Frauen zu häufig kritisiert.

Wir leben heute in einer Zeit, in der befreite Sexualität zur Norm erhoben ist, kaputte Beziehungen und Unlust aber auf der Tagesordnung stehen. Während uns halb nackte Schönheiten von den Werbeplakaten zulächeln und neuerdings auch Männer in Strip-Shows stürmisch gefeiert werden, erleben viele Paare im Bett nur Ödnis und Leere. »Er sitzt jeden Abend mit einem Bier vorm Fernseher!«, klagt Anne, und Frank meint: »Sexualität? Ich weiß gar nicht mehr, was das ist.«

Ich glaube, dass dieser Zustand mit einer weit verbreiteten »Menschen verachtenden« Haltung verbunden ist. Wir würdigen und achten unser Gegenüber nicht, weil wir nicht erkennen, dass wir beide, Mann und Frau, aus dem gleichen Holz geschnitzt sind, dass wir beide göttlichen Ursprungs sind. Genauso wie wir die Natur missachten und zerstören, vernichten wir unsere eigene Würde, zerstören wir mit der Schöpfung uns selbst.

Auch wenn wir das selber gar nicht vorhaben, unterwerfen wir uns immer wieder unbewusst dem Besitzstreben und Funktionieren, jenem materialistischen Denken, auf dem die Zerstörung beruht. Wir möchten etwas bekommen, was uns in Form von käuflichen Dingen vorgeführt wird, und sind dann immer wieder enttäuscht, es doch nicht erhalten zu haben. Das Ziel unserer Sehnsucht ist aber nicht materieller Natur, es ist nicht käuflich zu haben, weil man Liebe nicht kaufen, sondern nur erfahren kann.

»Wir könnten glücklich sein, wenn wir nicht ständig dem Glück hinterherjagen würden.« Das beginnt bei der Arbeitshetze, die vielen Männern und Frauen ein Gefühl des Ausgelaugtseins und der Leere verschafft. Dieses Gefühl tötet jede Lust. Es geht weiter mit bestimmten Vorstellungen und Ansprüchen, wie man oder frau auszusehen habe, gekleidet sein oder riechen müsse, und endet schließlich im Bett mit unrealistischen Erwartungen und entsprechenden Enttäuschungen. Das kann nicht »funktionieren« – weil Liebe keine Funktion ist, die sich per Knopfdruck einstellt. Daran wird auch eine Potenzpille nichts ändern. Dauererektion ist gewiss keine Garantie für Liebe oder gar Glück!

In unserer Kultur wird »guter Sex« oft mit körperlicher Leistungsfähigkeit und sexuellen Techniken in Verbindung gebracht. Sexualität ist aber genau das Gegenteil, sie ist lustvoll, kreativ und sollte weder bewertet noch kritisiert werden.

Es ist immer nützlich, wenn sich Paare zunächst offen über ihre Bedürfnisse verständigen. Was uns jedoch wirklich helfen kann, ist die Wiederentdeckung gegenseitiger Achtung, die mit Achtsamkeit einhergeht. Sich achten bedeutet, sich gegenseitig so anzunehmen, wie wir sind: mit allen Sehnsüchten und Begierden, mit allen Unfähigkeiten und Hässlichkeiten, mit allen Schwächen und Fehlern, mit allen Ängsten und Verletzungen.

Können Sie sich daran erinnern, als Sie das letzte Mal unsterblich verliebt waren? Wenn wir verliebt sind, akzeptieren wir den anderen mit all seinen Schattenseiten.

Im jahrelangen Alltagstrott wendet sich dann das Blatt: An manchen Tagen sehen wir beim anderen nur noch die hässlichen Züge und übertragen all unsere Enttäuschung auf ihn. Er oder sie ist schuld, dass ich nicht das bekomme, was ich mir wünsche! Liebe ist, wenn wir bei derartigen Gedanken aufhorchen und umkehren – zurück zu uns selbst. Nur so können wir uns aus den Fesseln der Vergangenheit, aus dem »Das war schon immer so« befreien. Nur so können wir uns von Gedanken, die uns nicht weiterbringen, lösen.

Lieben heißt loslassen, und in der Sexualität zeigt sich das besonders deutlich. Probieren Sie einmal aus, was passiert, wenn Sie die nachstehenden Gedanken wie folgt anders formulieren:

- »Es muss nach meinen Vorstellungen gehen – oder gar nicht.« Sagen Sie sich zum Beispiel: »Ich kann nicht alles wissen und bin bereit, neue Erfahrungen zu machen, um hinterher darüber reden zu können.«

- Statt »Mein Partner versteht mich nicht« können Sie sagen: »Diese Situation ist so schwierig, dass ein einzelner Mensch sie nicht so schnell verstehen kann. Wir dürfen uns Zeit nehmen, einander zu verstehen.«

- »Er hat so wenig Einfühlungsvermögen.« Sie könnten sich aber auch vornehmen: »Ich werde von meinen Gefühlen reden und alle Vorschriften beiseite lassen, was er zu fühlen habe.«

Sexualität können beide Partner nur genießen, wenn auch beide ja sagen. Ja zu einem kreativen, zärtlichen, lustvollen Spiel, bei dem es kein Richtig und kein Falsch gibt, keine Bewertung, keinen Druck und kein vorgeschriebenes Ergebnis. Geben und Nehmen sind dann im Einklang, Yin und Yang sind so ausgeglichen, wie es uns das chinesische Zeichen vormacht: als Kreis.

Dieses Ja zum Partner setzt bedingungslose Achtung voraus, und diese kann ich letztlich nur haben, wenn ich im anderen Gott oder Göttin entdecke. Gott oder Göttin sind in uns, sie halten das Feuer der Leidenschaft am Leben. Diese Quelle der Leidenschaft tragen wir in uns und wenn sie erlischt, kann sie nur an dieser Quelle – in uns selbst – wieder entdeckt werden. Bei einer Frau, die zeigt, was sie braucht, und die sich nimmt, wonach sie sich sehnt, darf sich auch der Mann gehen lassen.

Nach der Geburt ihres zweiten Kindes hatte Lene das Gefühl, unterhalb des Bauchnabels taub zu sein. Ben, der Vater ihrer Kinder, reagierte verständnisvoll, denn er wusste noch von der ersten Geburt, dass Druck und gezeigte Frustration jetzt völlig fehl am Platz sind. Außerdem hatte er von

Lenes Freundin gehört, dass zwischen ihr und ihrem Mann auf diese Weise eine Kluft geöffnet wurde, die sich dann nie wieder schloss. Ben kümmerte sich so viel wie möglich um seine kleinen Söhne und begegnete Lene zärtlich und ohne jede Forderung. »Das hat mir unglaublich gut getan«, sagt Lene rückblickend. »Wir haben uns dann auch einmal die Woche Zeit für ein Zwiegespräch genommen. Wir haben uns abends zusammengesetzt und jeder hat von sich selbst gesprochen. Alles, was uns gerade so durch den Kopf ging, haben wir auf den Tisch gepackt, und das Gute an dieser Gesprächsform ist, dass der andere das Gesagte nicht kommentiert und ganz bei sich selber bleibt. Auf diese Weise haben wir sehr viel Verständnis füreinander aufgebracht und ganz neue Einblicke erhalten.« Lust hat Lene dadurch aber auch nicht wieder bekommen. Aber sie konnte diesen Zustand annehmen – und Ben konnte es auch. »Mir hat geholfen, dass sie mich mit meinen sexuellen Bedürfnissen nicht lächerlich gemacht hat«, erklärt Ben. »Sie hat mich immer geachtet, mit all meinen Gefühlen und Bedürfnissen. Und wir hatten Mitgefühl füreinander.«

Erst durch einen Beckenbodenkurs, den eine Hebamme durchführte, hat Lene wieder Zugang zu ihrem Körper bekommen. »Diese Frau hat sehr viel mit Vorstellungskraft gearbeitet. Wir haben zum Beispiel im Schneidersitz gesessen und unser Wurzelchakra, die Stelle, mit der wir die Erde berühren, wahrgenommen. Wir haben uns vorgestellt, dass uns dort Wurzeln wachsen, mit denen wir Kraft aus der Erde ziehen können. Diese Übung habe ich immer wieder auch zu Hause gemacht und irgendwann hatte ich das Gefühl, dass aus den Wurzeln Blumen wachsen, die in meinem Becken blühen.«

Dies ist nur ein Beispiel. Andere Paare entdecken in dieser sensiblen Zeit die Freuden gegenseitiger Massage, wobei bestimmte ätherische Öle wie zum Beispiel Jasmin, Sandelholz und Rose helfen, den Körper anzuregen und lustvoll wahrzunehmen. Diese Massage muss absichtslos geschehen und ein Geschenk an den Partner sein, ein Spiel mit Wohlbefinden.

Manchmal hilft es, wenn ein Mann seiner Frau verspricht, nach der Massage nicht mit ihr schlafen zu wollen. Oder umgekehrt.

Den eigenen Körper bewusst wahrnehmen und erspüren ist in jedem Fall sinnvoll. Empfehlenswert ist eine tägliche »Reise durch den Körper«, bei der nacheinander alle Körperteile bewusst wahrgenommen und mit Atem bedacht werden. Sie beginnen bei den Zehen am linken Fuß, gehen über den Fuß bis zum Oberschenkel und fahren dann fort, die Zehen am rechten Fuß bewusst wahrzunehmen und jeweils mit einer Portion Atem zu versehen. Vom Becken geht Ihre Achtsamkeit dann über die Brust, die Schultern und den oberen Rücken in Hals und Kopf über. Anschließend schicken Sie Ihren Atem durch den ganzen Körper, bis er an den Zehenspitzen in Ihrer Vorstellung wieder austritt. Beim Einatmen stellen Sie sich vor, auf Scheitelhöhe wie ein Wal ein Loch zu haben, und dass an dieser Stelle wie beim Wal der Atem hinausfließt. Während Sie nun einatmen, fließt der Atem dort hinaus, und während Sie ausatmen, fließt er an den Zehen hinaus, so dass Sie früher oder später eingehüllt werden in Ihren Atem, der Sie schützend umhüllt. Sie können diese Körperreise auch gemeinsam und gleichzeitig durchführen oder sich gegenseitig – nacheinander – dazu anleiten.

Den eigenen Körper spüren und seine Funktionen mit Dankbarkeit annehmen ist ein erster Schritt zur Wiederentdeckung der Lust.

»Behandle deinen Körper wie einen Tempel«, besagt eine alte Weisheit. Pflege ihn, schmücke ihn und achte auf das ewige Feuer, das irgendwo im Inneren brennt.

Es gibt einige sehr schöne Rituale, die uns helfen können, unsere Leidenschaft wieder zu entdecken. Eines heißt das »Wecken der Sinne« und entstammt der Tradition des Tantra. Hierzu bereiten wir für unseren Partner eine Überraschung vor. Er darf das Zimmer nicht betreten, in dem wir auf einem schönen Tuch allerlei Dinge zum Befühlen, zum Hören (einfache Musikinstrumente und klingende Gegenstände), zum Schmecken (Obststückchen, Süßigkeiten) und zum Riechen (Erdbeeren, Lavendel, Kräuter etc.) bereitlegen. Kerzen werden aufgestellt und das Ganze wird so schön angeordnet, dass es auch für die Augen – ganz zum Schluss – eine Freude ist, all die schönen Dinge zu betrachten. Nun führen wir unseren Liebsten mit verbundenen Augen in den Raum und lassen ihn vor dem Tuch Platz nehmen.

Nacheinander bekommt er nun Dinge in die Hand gelegt, die er anfühlen darf – eine Feder, ein Stück Holz, ein weiches Fell, einen rauen Stein. Danach lassen wir leise Geräusche vor seinem Ohr erklingen. Jetzt darf er riechen und dann füttern wir ihn mit Kleinigkeiten. Ganz zum Schluss darf er unsere Hände und unser Gesicht ertasten und nun nehmen wir ihm die Augenbinde ab und genießen die sichtbare Schönheit des Ortes.

Wir verabreden außerdem, wann wir in umgekehrter Rollenverteilung das Ritual erneut durchführen, denn auch wenn wir den Ablauf schon kennen, ist es immer wieder ein wunderschönes Erlebnis.

Ein anderes Ritual ist das Spiel »Diener und König«, das meine Kinder einmal erfunden haben, als es ums Aufräumen ging. In diesem Fall wurden die Rollen alle fünf Minuten gewechselt und der König befahl dem Diener jeweils, was es zu tun gab. Als Paar wandeln wir das Ritual etwas ab: Der Diener ist dazu da, dem König Wohlbefinden zu verschaffen, und wir tauschen die Rollen nach Absprache und Art der Aufgabe ungefähr alle fünfzehn Minuten. Der König – oder die Königin – kann dem Diener nun alles befehlen: vom gemeinsamen Spaziergang über Haarekraulen bis hin zum Vorlesen eines bestimmten Buches, der Zubereitung eines Essens oder der Durchführung einer Fußmassage.

Fernsehen – ja oder nein?

Wenn Fernsehen die Lieblingsbeschäftigung eines Kindes ist, stimmt etwas nicht in der Familie. Eltern sollten sich dann zusammensetzen und überlegen, was zu tun ist.

Wer sich zu hilflos fühlt, Regeln für das gemeinsame oder getrennte Fernsehen einzuführen, tut gut daran, den Fernseher abzuschaffen oder zumindest einzuschließen. Es kann nämlich nicht angehen, dass Mütter von sechsjährigen Kindern klagen, sie könnten ihr Kind nicht von der Glotze wegkriegen. Ich habe das auf Vorträgen oft gehört. Umgekehrt wissen alle, die Familien ohne Fernseher kennen, dass niemand darunter leidet, wenn dieses Gerät im eigenen Haushalt nicht existiert. Die Mutter eines sechzehnjährigen Jungen erzählte mir neulich: »Mein Sohn wurde in der Schule gefragt, wie er das denn aushalte – so ohne Fernseher. Er antwortete: › Wann hat denn dein Vater zuletzt mit dir Schach gespielt?‹ Das Thema kam nie wieder zur Sprache.«

Kinder brauchen keinen Fernseher. Sie müssen Erfahrungen sammeln, die sich auf ihre Sinne und ihre Umwelt beziehen, die sie zum Denken und Forschen anregen, die ihre Phantasie und ihr Vorstellungsvermögen entwickeln helfen.

Sie müssen lernen, kooperativ zu handeln und mit anderen Menschen auszukommen. All das erfahren sie am besten im Spiel. Kinder können mit Kindern spielen, aber sie brauchen auch Erwachsene, die Zeit für sie haben, die ihnen auch im

Spiel etwas vorleben und die ihnen helfen, Neues zu entdecken.

Wenn ein Fernseher vorhanden ist und Konflikte um das Fernsehen entstehen, müssen sich Eltern und Kinder zusammensetzen und gemeinsame Regeln aufstellen. Das ist anstrengend! Kinder unter sechs Jahren sollten allerhöchstens eine Sendung pro Tag sehen, die nicht länger als dreißig Minuten dauert und auf ihr Alter zugeschnitten ist. Schulkinder sollten nur nach Erledigung ihrer Pflichten Sendungen sehen dürfen und auch nur solche Sendungen, die für Kinder geeignet sind. Das ist meine persönliche Überzeugung, auch wenn sie altmodisch klingen mag.

Ich glaube, dass Kinder heute sehr viel mehr Orientierung brauchen als in früheren Zeiten. Es gibt einfach zu viele »Einflüsterer«, und unsere Gesellschaft ist leider alles andere als liebevoll. Die Aufgabe von Eltern ist es heute, ihre Kinder täglich vor Einflüssen zu schützen, die ihnen schaden. Das fängt mit der Nahrung an und hört mit den Medien auf. Eltern müssen daher wissen, dass ein klares »Nein!« bei bestimmten Sendungen absolut notwendig ist – auch wenn unsere Kinder das nicht einsehen können.

»Deine Art, mit den Kindern umzugehen«

Wenn wir Eltern werden, haben wir immer eigene Kindheitserfahrungen hinter uns. Die Art, wie unsere Eltern mit uns umgegangen sind, halten wir normalerweise für die »natürliche«. Haben wir eine schwierige Kindheit gehabt, wollen wir alles ganz anders machen – entdecken aber dann oft verzweifelt, dass wir uns ganz genauso wie sie verhalten. Das, was wir bekämpfen, holt uns immer wieder ein.

Kindererziehung ist in fast jeder Paarbeziehung ein Streitpunkt, denn wir sind ja keine Geschwister, die mit den eigenen Eltern ähnliche Erfahrungen gemacht haben. Im Gegenteil, oft kommen Paare aus zwei völlig verschiedenen »Kulturen«. Das ist immer dann problematisch, wenn wir uns nicht darüber austauschen können. Vielleicht ist uns bis dahin nicht einmal bewusst gewesen, dass sich unsere Erziehung erheblich von der unseres Partners unterscheidet.

»Auch ein Baby darf sich nicht alles herausnehmen!«, sagt Fred zu seiner Frau und plädiert dafür, den kleinen Jonas nachts schreien zu lassen. »Das lasse ich niemals zu!«, erwidert Sabine leidenschaftlich. »Ich will immer für mein Kind da sein.« Dass Fred und Sabine unterschiedliche Standpunkte haben, ist normal. Fred wurde als Junge in typischer Weise hart erzogen, seine Eltern glaubten, dass er es nur so zu etwas bringt. »Nur nicht nachgeben!« lautete das Motto seiner Eltern und er hat immer wieder bittere Enttäuschungen erlebt, wenn er etwas haben wollte und nicht bekam.

Sabine musste als älteste Tochter viel auf ihre jüngeren Geschwister aufpassen, wurde also keineswegs verwöhnt. Dass Babys einen aber auch nachts brauchen, weiß sie nicht nur aus vielen Büchern, das sagt ihr auch ihr Gefühl. Sich um kleine, hilflose Wesen zu kümmern ist ihr »in Fleisch und Blut« übergegangen.

Problematisch wird die unterschiedliche Einstellung der beiden zu ihrem Sohn in dem Moment, als einer beginnt, dem anderen Vorwürfe zu machen: »Du hast ja keine Ahnung von Kindererziehung.« Oder: »Du weißt nicht, was das Leben bedeutet.« Wenn es Fred und Sabine gelingt, Verständnis für den anderen aufzubringen, können sie nicht nur voneinander lernen, sondern sich auch beide weiterentwickeln und ihre Liebe aufrechterhalten. Das wird auch dem kleinen Jonas zugute kommen. Fred kann mit Sabines Hilfe einsehen, dass er jahrelang seinen fürsorglichen weiblichen Anteil unterdrücken musste. Sein kleiner Sohn bietet ihm die einmalige Chance, diese Fähigkeiten zu entfalten. Indem Fred die nächtliche Verzweiflung und Einsamkeit seines kleinen Sohnes wahrnimmt, kann er sich selbst als Kind in seinem kleinen Sohn trösten. »Dieses Kind ist ein Teil von dir«, sagt Sabine zu ihm, »und dieser Teil schreit nach Trost und Zuwendung.«

Fred ist stolz, dass er es schafft, seinen kleinen Sohn zu beruhigen, indem er ihn auf seinem Arm herumträgt, und Sabine ist glücklich, dass sie etwas Entlastung hat, denn »immer für mein Kind da sein« schafft sie allein gar nicht, wie sie Fred bald gesteht. Das Lob seiner Frau motiviert Fred, sich mehr um Jonas zu kümmern, und dessen Lachen ist für beide eine wunderbare Belohnung.

Bei unterschiedlichem Verhalten den Kindern gegenüber werden immer Erinnerungen an die eigene Kindheit wach. Schmerzlich wird uns bewusst, dass wir es eigentlich ganz anders machen wollten – und doch sind wir wieder in ein altes Muster zurückgefallen. Verurteilen Sie sich nicht dafür, sondern freuen Sie sich lieber, dass Sie das jetzt erkannt haben. Entschuldigen Sie sich bei Ihrem Kind und fassen Sie jeden Tag als eine Übung auf, achtsam zu sein, also auch das eigene Verhalten zu beachten.

Eigentlich ist es gar nicht so schwer. Wenn wir dem anderen und uns selbst attestieren, dass er sein Bestes gibt, und ihn nicht gleich verdammen, lässt sich meistens ein Kompromiss finden. Kinder finden es übrigens ganz normal, dass Mutter und Vater sie nicht völlig gleich behandeln. Problematisch wird unterschiedliches Verhalten nur, wenn einer gegen den anderen ausgespielt wird. »Mama hat es aber erlaubt!« ist eine Bemerkung, mit der Kinder sich nicht durchsetzen sollten. In so einem Fall ist die Zeit für eine Familienkonferenz gekommen, in der die geltenden Regeln noch einmal aktualisiert werden.

Manchmal lassen sich aber auch bestimmte Widersprüche nicht auflösen. Gerade Männern fällt es oft schwer, ihre Vaterrolle anzunehmen. Oft fehlt es ihnen an Vorbildern und manche lernen es unter Mühen oder gar nicht. In einem solchen Fall muss sich die Frau entscheiden, was ihr lieber ist: eine gute Ehe und ein »schlechter« Vater oder gar kein Vater – aber auch keine Ehe mehr.

Mir persönlich gefällt die erste Variante besser. In einigen Familien habe ich beobachtet, dass »gute Väter« gleichzeitig »schlechte« Ehemänner waren und von ihren Frauen verlassen wurden. Offenbar fühlten sie sich vernachlässigt – genau wie manche Väter von ihren Frauen. Wenn wir in Beziehungen von Anfang an über dieses schwierige Thema reden und unsere »wunden Punkte« offen legen, uns gegenseitig nicht bewerten, sondern so, wie wir sind, annehmen, kann Liebe gelingen.

»Du kümmerst dich nur noch um die Kinder«

Nach der Geburt sind viele Frauen von ihrem Baby vollkommen eingenommen. Ein Kind geboren zu haben ist ein Erlebnis ganz besonderer, einmaliger Art und die Bindung zu diesem Wesen, das auf unsere Unterstützung und Liebe angewiesen ist, ist stark. Sollte dies nicht der Fall sein, liegt eine gestörte Beziehung vor, die negative Folgen haben wird, wenn nicht die Mutter bzw. die Eltern etwas dagegen unternehmen. Das, worunter so viele Männer leiden, ist also etwas Natürliches und Gutes: Gemeint ist das enge Band zwischen Mutter und Kind, das dessen Überleben sichern hilft und uns viele beglückende Erfahrungen ermöglicht. Weil viele Männer nicht gelernt haben, ihre weiblichen, fürsorglichen Anteile zuzulassen beziehungsweise zu entwickeln, fühlen sie sich jetzt einfach nur zurückgesetzt und unverstanden. Unverstanden muss sich jedoch auch die Mutter fühlen, die viel Zeit und Kraft investiert, um ihr Kind gedeihen zu lassen, und ihm Zärtlichkeit und Zuwendung schenkt, »dafür« von ihrem Mann aber noch Vorwürfe zu hören bekommt. Dieses gegenseitige Nichtverstehen führt häufig zu Trennungen. »Mein Mann kommt mir vor wie mein zweites (drittes oder viertes) Kind«, habe ich viele Frauen klagen hören. »Immer will er etwas von mir und ich fühle mich völlig ausgesaugt.«

»Für mich hat meine Frau überhaupt nichts mehr übrig«, klagen viele Männer. »Alles dreht sich nur noch um die Kinder.«

»Viele Männer bleiben kleine Jungen, die von ihrer Mutter verwöhnt werden wollen«, sagt meine Freundin Wiebke zu diesem Thema. »Sie sind nicht bereit, die Männerrolle zu übernehmen.«

»Und was ist die Aufgabe eines Mannes deiner Meinung nach?«, frage ich. »Männerrolle, das heißt Verantwortung übernehmen, durchhalten, auch in schwierigen Zeiten, geben und nicht immer nur nehmen.« Wie sie so die Aufgaben eines Mannes beschreibt, fallen mir die weisen und gütigen Könige aus den Märchen ein. Sie sind ursprünglich die Besten ihres Volkes gewesen, gewählt aufgrund ihres Gerechtigkeitssinnes, ihrer Güte und Fürsorglichkeit, aufgrund ihres Mutes und ihrer Weitsicht. Wo gibt es solche Männer heute?

Es gibt sie deshalb so selten, weil die meisten Männer Väter hatten, die grausam, stressgeplagt, gefühllos, kriegsversehrt im weitesten Sinn und Gefangene ihrer eigenen Erziehung waren. Auch ist das Bewusstsein darüber nicht besonders verbreitet.

Ich weiß allerdings aus Erfahrung, dass diese Probleme gelöst werden können, wenn Männer bereit sind, mehr Fürsorglichkeit und Verantwortung zu zeigen, und Frauen ihre dauernde Kritik und Nörgelei beenden und stattdessen ihre Männer würdigen und Mitgefühl für sie entwickeln. Die meisten sind ohne liebevolle Väter aufgewachsen.

Deshalb ist auch wenigen Männern klar, dass Schwangerschaft und Geburt eine Strapaze sind, die mit Dankbarkeit, Fürsorge und Achtung bedacht werden müssen. Die Frau ist es, die sein Kind trägt und gebiert. Hat er ihr schon einmal dafür gedankt? Es gibt in unserer Kultur leider keine Rituale, die Frauen für diese Leistung ehren und würdigen. Selbst das Mutterschutzgesetz musste erkämpft werden und gilt nicht in Familien – sondern in Firmen.

Leider werden viele Frauen unter dem Aspekt des Funktionierens betrachtet, eine schwangere Frau oder junge Mutter funktioniert aber nicht wie gewöhnlich. Es gibt auch für Männer keine Schulen und kaum Vorbilder, von denen sie lernen können, wie man eine Frau achtet. Deshalb sind sie oft hilflos und reagieren ohne Verständnis und Einfühlungsvermögen. Entsprechend verletzt fühlen sich Frauen, weil sie die hilflose Seite dieses Tuns nicht erkennen und entweder den Ärger in sich hineinfressen oder ihrem Gegenüber vorwerfen. Ich bin der Meinung, dass diese Problematik in Geburtsvorbereitungskursen, an denen ja inzwischen auch viele Väter teilnehmen, berücksichtigt werden müsste. Im Sexualkundeunterricht der Schulen sollten diese Themen auch behandelt werden. Was aber können Paare hier und heute tun?

Wenn ein Mann das Gefühl hat, dass seine Frau sich zu wenig um ihn kümmert, ist es sinnvoll, dass die Frau nachfragt, was er damit meint. »Erzähl mir mehr darüber« ist eine Formulierung, die Interesse und Verständnis signalisiert und Bewertung ausschließt. Auf diese Weise kann frau erfahren, dass er sich vielleicht ein paar gemeinsame Stunden zu zweit wünscht – etwas, was ihr selber gar nicht so fern liegt.

Bei Svenja und Klaus war das so ähnlich. Klaus warf ihr vor, immer müde zu sein, und sie kritisierte an ihm, dass er nur noch arbeite. Als beide merkten, dass ihre Ehe in Gefahr war, reduzierte Klaus seine Wochenarbeitszeit um fünf Stunden. Der Mittwochnachmittag gehörte jetzt ganz seinen Kindern, und Svenja konnte sich in dieser Zeit richtig erholen: Sie hatte Zeit für eine Mittagspause, konnte lesen, Rad fahren oder auch mal mit einer Freundin ins Kino gehen. Außerdem brachte Klaus die Kinder an drei Tagen selber in den Kindergarten, so dass Svenja dann mit dem Baby etwas länger ausschlafen konnte. Wenn Klaus mittwochs abends die drei Kinder ins Bett gebracht hatte, nahmen sie sich Zeit füreinander. Svenja erzählte von ihrem Nachmittag, Klaus von den Kindern, von seiner Arbeit und seinem Glück, mehr Zeit zu haben. »Wir sind wieder ein Liebespaar«, sagt Klaus, »schade nur, dass ich nicht eher darauf gekommen bin, weniger zu arbeiten.«

Sicherlich bietet sich nicht in jeder Familie eine solche Lösung an. Und es ist auch nicht jede Frau bereit, sich auf den Wunsch ihres Mannes nach mehr gemeinsamer Zeit einzulassen. Frauen bekommen in der Regel von ihren Kindern sehr viel Liebe, so dass sie den Mann an ihrer Seite oft gar nicht vermissen. Wer seinen Kindern die Familie mit Vater und Mutter erhalten möchte, muss allerdings bereit sein, das eigene Verhalten zu überprüfen, und auch Entgegenkommen zeigen. Wenn Väter bereit sind, mehr Zeit in das Familienleben zu investieren und sich mehr um die Kinder zu kümmern, ändert sich eine Paarbeziehung in der Regel positiv, weil die Mutter entlastet wird und der Vater neue Züge an sich selbst mit seinen Kindern entdeckt.

Manchmal empfehle ich Paaren, sich abends zusammenzusetzen und »drei Vorschläge zur Rettung der Lage« aufzuschreiben. Zu diesem Zweck erhält jeder Partner drei Zettel, die mit Vorschlägen versehen werden. Nacheinander werden abwechselnd die Lösungen vorgelesen. Aus den sechs Ideen wird dann der Vorschlag gewählt, der von beiden die meiste Zustimmung erhält. Es geht dann darum, diesen Vorschlag zu erproben, eine endgültige Lösung kann es nicht geben. Wohl aber den spielerischen Umgang mit neuen Ideen, das Ausprobieren von Alternativen zum Herkömmlichen.

Immer Ärger mit den Hausaufgaben und andere schulische Probleme

Schulprobleme können Familien sehr belasten und eine Kindheit zerstören. Wenn das Selbstbewusstsein eines Kindes in der Schule gebrochen wird, geht etwas sehr Wertvolles verloren. Als Eltern haben wir die tägliche Aufgabe, das Selbstvertrauen unserer Kinder zu stärken und zu fördern.

Das fängt oft mit den Hausaufgaben an. Diese Pflicht, die das Kind von seinem Lehrer übertragen bekommt, kann das Selbstvertrauen stärken. Eine sorgfältig und selbständig erledigte Hausaufgabe macht stolz und zufrieden.

Was aber, wenn unser Sohn oder unsere Tochter gar nicht erst damit anfangen will?

Wahrscheinlich hat das mehrere Ursachen. Vielleicht handelt es sich bei ihm oder ihr um einen kleinen Träumer, der gern nach eigenen Rhythmen lebt und ganz eigene Interessen hat. Solche Kinder haben es in normalen Schulen immer schwer und es ist ein täglicher Balanceakt, sie sanft an ihre Pflichten zu gewöhnen. Im Schulalter sind gewisse Pflichten jedoch unumgänglich, wir können unsere Kinder motivieren – manchmal sind klare Regeln aber auch sehr sinnvoll. »Nach dem Essen ruhst du dich eine Stunde aus und dann fängst du mit den Hausaufgaben an. Hier ist die Uhr, um drei fängst du an.« Freundliche Ermutigung, eine farbige Unterlage (Tonpapier), die sich das Kind selber wählt, ein Glas Wasser zur Akti-

111

vierung der Gehirnzellen, ein Stein, der daran erinnert, sorgfältig oder zügig zu arbeiten, sind kleine Hilfen, die das Arbeiten erleichtern können. Ganz wichtig sind Anerkennung und Zuspruch, wenn wir unserem Kind gelegentlich über die Schulter schauen oder mit der Hand über den Rücken streichen.

Streit bringt uns bei Hausaufgaben kein bisschen weiter.

Manche Kinder haben herausgefunden, wie sie ihre Mütter tyrannisieren können. Hausaufgaben eignen sich recht gut dazu, weil die meisten Mütter sehr viel Wert auf sorgfältige Erledigung legen. Auch diesen Kindern sollte man freundlich, aber sehr bestimmt klarmachen, dass Hausaufgaben – ob mit oder ohne Lust – erledigt werden müssen. Kinder müssen Eigenverantwortung lernen und es schadet nicht, sie auch einmal ohne Hausaufgaben zur Schule zu schicken.

In manchen Fällen ist es sinnvoller, wenn die Lehrerin das Kind ermahnt bzw. entsprechende Konsequenzen zieht. Die eigene Mutter nimmt das Kind oft schon nicht mehr ernst. Dies sollte dann in Absprache mit der Lehrerin geschehen.

Manchmal verstehen Kinder die Hausaufgaben nicht. Sie brauchen dann Hilfe. Wenn es häufiger vorkommt, ist es notwendig, die Lehrerin davon zu unterrichten. Sie muss ja wissen, dass ihre Aufgaben zu schwer oder unverständlich sind! In vielen Bundesländern gibt es Regeln, die die durchschnittliche Zeit für Hausaufgaben festlegen. Sprechen Sie auf dem Elternabend darüber, wie lange Ihr Kind an den Hausaufgaben sitzt, und tauschen Sie sich mit anderen Eltern darüber aus. Vielleicht ist Ihr Kind schulisch überfordert? Dann kommt möglicherweise eher eine andere Schulart in Frage.

Es gibt leider auch Lehrer, die wenig Rücksicht auf die Individualität eines Kindes nehmen, und manchmal hat man auch den Eindruck, dass eine andere Schule die bessere wäre. Weil unsere Kinder einen großen Teil ihres Lebens in der Schule verbringen, sollte man dieser Frage durchaus nachgehen. Dass immer mehr Eltern ihre Kinder an Privatschulen − zum Beispiel Montessori- oder Waldorfschulen − anmelden, zeigt ihre große Unzufriedenheit mit dem herkömmlichen Schulsystem.

Mein ältester Sohn war ein typischer Musterschüler. Er ging gern zur Schule, erledigte seine Aufgaben immer selbständig und sehr ehrgeizig und brachte immer sehr gute Zeugnisse mit nach Hause. Er hatte Lehrer, die sehr engagiert und menschlich waren, und andere, die wenig Verständnis zeigten. Ich habe nie mit ihm geübt. Inzwischen hat er ein mustergültiges Abitur abgelegt.

Mein zweitältester Sohn hat uns immer Sorgen gemacht. Dieses ausgeglichene und sehr phantasievolle Kind schien in der Schule immer am falschen Ort. Obwohl pflichtbewusst, hat er allerhöchstens befriedigende Leistungen erreicht. Oft waren sie mangelhaft und manchmal sogar ungenügend.

Die Topfpflanze, die er in der Vorschule von seiner Lehrerin geschenkt bekam, steht bis heute

– trotz vieler Umzüge – auf seinem Fensterbrett und ist riesig geworden.

Weil ich aus vielen häuslichen Situationen um seine Intelligenz wusste und wir hier in Schleswig-Holstein für ihn keinen Platz an einer Gesamtschule oder Waldorfschule finden konnten, hat er am Gymnasium vor sich hin gelitten. Er ist auch das, was man gern »faul« nennt. Deutlich war jedoch, dass er für die Dinge, für die er sich interessierte, stundenlang konzentriert arbeiten konnte. Ich glaube, das ist mit allen »Faulenzern« so. Allerdings würde ich es ihnen nicht erlauben, stundenlang fernzusehen oder am Computer zu spielen.

Vorübergehender Nachhilfeunterricht, jeweils begrenzt auf einige Monate vor den Versetzungszeugnissen, hat verhindert, dass unser Sohn von der Schule flog. Mein Eindruck ist, dass kaum einer seiner Lehrer jemals seine enormen Stärken entdeckt hat. Nie wurde er in seinen Zeugnissen für seine sozialen Fähigkeiten oder seine Kreativität gelobt. Inzwischen ist er volljährig und weiß, dass er Abitur machen und Informatik studieren will. Deshalb wird er es vermutlich auch schaffen. Aber was für ein langer Leidensweg! Ich erzähle Ihnen dies, um deutlich zu machen, dass es sinnvoll sein kann, Geschwister auf verschiedenen Schulen unterzubringen, in jedem Fall aber, sie unterschiedlich zu behandeln.

Umgekehrt bin ich der Meinung, dass viele sehr engagierte Lehrer auch zu wenig Anerkennung von den Eltern erhalten und oft resignieren. Auch Lehrer möchten liebevoll behandelt werden!

Konflikte mit der Schule und um schulische Pflichten können jedoch immer konstruktiv gelöst werden, wenn die Beteiligten gesprächsbereit sind und die Gespräche nach Regeln ablaufen, die ich weiter oben angeführt habe.

Ein Satz von großer Zauberkraft lautet auch in diesem Fall: »Ich verstehe dich (oder Sie). Vielleicht können wir gemeinsam eine Lösung finden. Lass uns nachdenken!«

»Wie siehst denn du aus?!« Bekleidung und Beziehung

»In meinem Bekanntenkreis kaufen die Frauen ihren Männern alles«, erzählte mir unlängst eine sechzigjährige Freundin. »Mit denen kann man in kein Kaufhaus gehen. Die werden da nur nervös.« Tatsächlich hat mir auch eine jüngere Bekannte erzählt, dass sie ihren Mann komplett einkleidet. »Schon deshalb, damit er sich nicht so unmöglich anzieht.«

»Das heißt ja, dass diese Männer sich nicht um sich selber kümmern«, kommentierte mein Mann dieses Verhalten. »Das ist dann ja wie bei Kindern.«

»Ist das denn so schlimm?«, entgegnete ich. »Frauen verhalten sich doch in vielen Dingen auch wie Kinder.« Im Prinzip sollten wir uns wohl wie Erwachsene benehmen. Aber darf es denn nicht auch Ausnahmen geben?

Dass Kleidung eine Menge mit Persönlichkeit zu tun hat, können wir an unseren Kindern beobachten. Manche Kinder ziehen sich mit Vergnügen sechsmal am Tag um, andere muss man zwingen, bei dreißig Grad Wärme den Pullover auszuziehen. Früher oder später wollen Kinder selbst bestimmen, was sie anziehen – und das stimmt keineswegs immer mit unseren Vorstellungen überein. Da bestehen sechsjährige Mädchen auf Rüschenkleider oder zwölfjährige Jungen auf zerlöcherte Jeans. Da müssen ständig neue Lackschuhe her oder aber die Turnschuhe fallen schon vom Fuß und werden trotzdem nicht abgelegt. Es gibt Männer, die sich weigern, jemals einen Schlips umzubinden, und andere, die niemals mit Sandalen auf die Straße gehen würden. Ich selber werde niemals Pfennigabsätze oder Miniröcke tragen. Ansonsten bin ich zu allen Verkleidungen bereit.

Manchmal tragen Paare mit Vorliebe dieselben Sachen. Sie joggen dann zum Beispiel in gleichen Anzügen, um ihre Verbundenheit zu unterstreichen. Mein Mann und ich sind so verschieden, dass wir niemals dasselbe anziehen würden. Eine Zwillingsgarderobe wäre der Horror für uns.

Mit unserer Kleidung stellen wir etwas dar, schlüpfen freiwillig in eine Rolle. Das Bild vom Theaterspielen passt auch hier wieder sehr gut. Im Extremfall können wir wie der Hauptmann von Köpenick Eindruck schinden oder unangenehm auffallen, uns in andere Zeiten versetzen oder ganz wir selbst sein.

Gerade Jugendliche wollen sich in Rollen erproben. Sie machen dabei wichtige Erfahrungen und ich würde ihnen diese auf keinen Fall nehmen wollen, selbst wenn es sich um grüne Haare und schrille Garderobe handelt. Wenn wir anderen Kleidungsvorschriften machen, schränken wir damit immer ihre Persönlichkeit ein. Das kann auf Dauer nicht gut gehen, weil wir uns damit über die Bedürfnisse des anderen hinwegsetzen.

»Kauf dir doch endlich mal schicke Reizwäsche!« ist eine verletzende Botschaft. »Dieses Dessous würde dir sehr gut stehen!« dagegen ein Kompliment. Wenn wir unserem Gegenüber Anerkennung und Achtung zeigen, sind wir immer auf dem richtigen Weg und finden auch passende Worte.

Etwas anderes ist es, wenn wir um Rat gefragt werden. So war es für mich eine sehr wertvolle und schöne Erfahrung, mit meinem Sohn die Garderobe für den Abi-Ball zusammenzustellen. Wir haben dabei auch ordentlich gelacht und uns dann später auf dem Ball sehr wohl gefühlt.

Verliebte tauschen oft Kleidungsstücke aus. Ein Stück vom anderen zu tragen ist wie einen Teil von ihm bei sich zu haben. An Kleidungsstücken haftet der Geruch, der auch unbewusst eine große Anziehung auf uns hat. Wir erkennen auch hier wieder die große Akzeptanz, die Liebende füreinander aufbringen und die in langjährigen Beziehungen verloren geht, wenn man sich nicht darum bemüht.

»In manchen Beziehungen findet ein Verschlampungsprozess statt«, stellte mein Mann fest, als ich ihn auf das Thema Kleidung ansprach. »Das ist dann auch immer Ausdruck einer Gleichgültigkeit dem anderen gegenüber.« Weil mir unsere Beziehung nicht gleichgültig ist, ziehe ich ihm zuliebe beim Einkaufen keine Gummistiefel an, obwohl ich das sehr praktisch fände, besonders wenn es regnet.

Kleidung hat auch mit Werten zu tun. Adrettes, gepflegtes Aussehen steht bei vielen auf der Werteskala ganz oben, während andere Menschen Äußerlichkeiten für unwichtig halten. Tatsächlich lässt sich aber eine Beziehung zwischen »innen« und »außen« nicht ganz abstreiten. Wenn ich mein Äußeres mag, werde ich auch innerlich freier und sicherer, und wenn ich mit mir zufrieden bin, strahlen mein Körper, mein Gesicht und meine Haltung diese Schönheit aus. Innen und außen wirken wechselseitig aufeinander ein – und deshalb ist Kleidung nicht unbedeutend – genauso wenig wie innere Haltungen und Einstellungen.

Kleidung hat außerdem eine politische Seite. Noch mehr als unsere Nahrung wird sie vergiftet. Formaldehyd ist nur einer der vielen Schadstoffe, die benutzt werden, um zum Beispiel ein Baumwoll-T-Shirt anzufertigen. Außerdem werden in der Kleidungsindustrie, die von der Armut der Dritten Welt lebt, Menschen, vor allem Frauen und Kinder, ausgebeutet. Kleidung auch unter dem Aspekt auszuwählen, dass dadurch weder Menschenleben noch die natürliche Umwelt gefährdet werden, kann zu einem Anliegen innerhalb der Familie werden. Zum Glück gibt es immer mehr Firmen, die auf ein Siegel zum Schutz der Umwelt Wert legen und die uns damit auch vor die Wahl stellen. Gerade unter Jugendlichen, die sich leicht jeder Mode unterwerfen, kann eine

Aufklärung über die Herkunft und den Anbau von Rohstoffen für Textilien sehr sinnvoll sein. Ist es nicht besser, weniger zu kaufen und dabei auf ökologische Qualität zu achten, anstatt dauernd Kleidungsstücke wegzugeben, weil sie »out« sind? Eltern können Kindern vorleben, was es heißt, Verantwortung für diese Welt zu übernehmen.

Wenn Sie an Ihre Kindheit zurückdenken, fallen Ihnen vielleicht auch Lieblingskleidungsstücke ein. Ich hatte einen grünen Trägerrock aus Popeline. »Seligkeitsding« nennt Madita in Astrid Lindgrens Buch ihr Stickereikleid, das sie zu ihrem ersten Examen bekommt, obwohl ihre Mutter eigentlich findet, dass ihr ein Matrosenkleid besser steht. Wenn wir unseren Liebsten diese Seligkeitsdinge lassen, gehen wir achtsam mit ihren Gefühlen um. Nichts anderes verlangt das Leben von uns auch in der Bekleidungsfrage.

»Du engst mich ein«

In fast jeder Paarbeziehung ist das Bedürfnis nach Nähe und Distanz unterschiedlich verteilt. Freilich, die Frischverliebten wollen immer zusammen sein. Aber mit den Jahren entwickelt meist einer von beiden das Gefühl, gefangen zu sein. Oft sind es die Männer, die mehr Freiraum verlangen, und ihre Frauen fühlen sich dann häufig »emotional unterversorgt«.

»Ich finde es ja gut, dass Rolf sich politisch engagiert«, klagt Nele. »Aber er ist an drei Abenden in der Woche nicht zu Hause und ich gehe mit meinem Buch ins Bett. Warum sind wir überhaupt verheiratet?« »Du engst mich ein!«, entgegnet Rolf. »Schließlich kann Ehe kein Gefängnis sein. Willst du denn, dass ich unzufrieden bin?«

Eine der häufigsten Illusionen in Beziehungen ist, vom Partner alles zu erhoffen, was einem selbst fehlt. Kein Mensch kann das leisten – nur wir selbst können es. Niemand kennt uns so gut, wie wir uns selbst kennen, und als Erwachsene sind wir in der Lage, unsere Bedürfnisse selbst zu befriedigen. Wenn Nele sich allein langweilt und ihr Buch nicht mehr lesen will, kann sie sich eine Freundin einladen oder sich selber etwas Nettes vornehmen. Wenn ihre Kinder noch zu klein sind, um abends allein zu Hause zu bleiben, kann sie einen Babysitter engagieren oder die Abende, an denen Rolf zu Hause ist, für ihre eigenen Interessen nutzen. Es kann für ein Paar sehr anregend sein, sich über die eigenen Erlebnisse auszutauschen und einander von den getrennt gemachten Erfahrungen zu berichten. Das Gefühl, freiwillig mit dem anderen zusammen zu sein und gern an den gemeinsamen Tisch zurückzukehren, kann eine Beziehung frisch und lebendig halten.

Nörgelei und Kritik dagegen tun keiner Beziehung gut. Das bedeutet aber nicht, eigene Wünsche und Bedürfnisse zu unterdrücken. Manchmal entfernt sich ein Partner einfach zu weit von dem anderen. In diesem Fall muss der andere ganz klar sagen, wo seine eigenen Grenzen liegen. »Ich wünsche mir mindestens zwei Abende in der Woche für uns, ohne Fernseher.« Zum Beispiel.

»Das mache ich nicht mehr mit!« kann der Beginn einer Krise, aber auch die große Chance für einen neuen Anfang sein. Wenn wir uns selber lieben, lassen wir nicht auf uns herumtrampeln – und wir treten auch andere nicht. Die Freiheit des einen hat seine Grenzen da, wo der andere sie steckt. Deshalb engt jede Beziehung natürlich auch ein, weil immer wieder Konflikte gelöst und Kompromisse gefunden werden müssen. Wenn wir Nähe nicht wollten, würden wir keine Beziehung eingehen. Liebe ohne Freiheit kann aber nicht gedeihen.

»Maren darf aber auch!«

Wenn man im Leben bewusst Entscheidungen trifft, wie zum Beispiel die, keinen Fernseher zu haben und den Kindern viel Zeit zu widmen, keinen Zucker zu essen oder vegetarisch zu leben, wird man immer wieder mit Andersdenkenden und anders Lebenden konfrontiert. Für Kinder ist das gelegentlich ein Problem, da sie ja nicht den Überblick der Erwachsenen haben und sie manchmal den Sinn einer Entscheidung nicht einsehen. Wenn Maren schon mit zehn Jahren in einen Film gehen darf, der erst ab zwölf zugelassen ist, handelt es sich um eine Entscheidung von Marens Eltern. Ich lasse mich in so einem Fall nicht mit der Bemerkung erpressen: »Maren darf aber auch!« Wir haben als Eltern die Verantwortung für unsere Kinder und wir kommen immer wieder in Situationen, in denen sie wütend werden, uns angreifen und unsere Entscheidungen nicht verstehen. Das ist manchmal schwer auszuhalten und oft kommen uns auch Zweifel. Dennoch glaube ich, dass es gerade in der heutigen Zeit wichtig ist, klare Entscheidungen zu treffen und nicht immer das zu tun oder sich dafür zu entscheiden, was gerade »in« ist oder was »die anderen auch« tun. Weil ich selber in einer Familie aufgewachsen bin, die anders war als andere Familien, weiß ich, dass es mir sehr gut getan hat, durch meine Eltern vor vielem bewahrt worden zu sein, was andere erlebt haben. Wenn man seinen Kindern Zeit widmet, ihnen viel Anerkennung gibt und sie so liebt und akzeptiert, wie sie sind, werden sie starke Persönlichkeiten, die akzeptieren können, anders zu sein. Das ist natürlich ein permanenter Balanceakt, wie überhaupt das ganze Leben. Manchmal kann es richtig sein, etwas zu erlauben, was andere auch tun, oder zum Beispiel eine Hose zu kaufen, die andere auch haben, weil es jetzt gerade für mein Kind wichtig ist.

Besser als ein Verbot ist generell, den Kindern Alternativen aufzuzeigen. »In diesen Film darfst du nicht. Aber wir können uns einen anderen angucken oder ins Abenteuerbad fahren.« Gelegentlich sind Kinder für dergleichen Entscheidungen vonseiten der Eltern sogar dankbar. Sie können dann ihren Klassenkameraden sagen, dass ihre Eltern es nicht erlauben, und müssen nicht zugeben, dass sie sich selber gar nicht so wohl bei der Sache fühlen. Viele Eltern halten heute nicht einmal mehr die gesetzlich vorgegebenen Schutzbestimmungen ein.

Sie erlauben zum Beispiel Kindern unter sechzehn Jahren, Alkohol zu trinken oder zu rauchen oder unbegrenzt in der Disko zu bleiben. Ich halte eine solche Einstellung nicht nur für zu bequem, sondern auch für schädlich. Alkohol und Nikotin bleiben Gifte – auch wenn überall dafür geworben wird.

Es erfordert viel Kraft und Geduld, mit manchen Teenagern über diese Dinge zu reden – aber es lohnt sich in jedem Fall. Das eigene Leben ist immer das beste Beispiel und Kinder sehnen sich nach ehrlichen Geschichten, die ihnen unsere Erfahrungen vermitteln. Wir sollten das allerdings auf keinen Fall mit »Moralpredigten« verwechseln. Moralpredigten strotzen vor Eigenlob und enthalten immer eine Doppelmoral: Ich rede zwar so, handle aber ganz anders. So etwas ist für Jugendliche schlicht »ätzend«! Wenn wir von unseren eigenen Irrwegen, Ängsten, schrecklichen Erlebnissen, Fehlern, Schwächen und den Gefahren berichten, denen wir ausgesetzt waren, hängen sie an unseren Lippen. Wahre und echte Geschichten haben insofern immer eine therapeutische Wirkung, als sie Kindern helfen, sich ihre eigene Meinung zu bilden und ihren eigenen Weg zu finden. Ganz ähnlich wirken auch gute Bücher und passende Filme.

Eltern, die ihren Kindern heutzutage als gutes Vorbild dienen, sind für mich großartige Helden. Ich meine, es ist genauso schwierig, sich gegen überflüssigen Konsum aller Art zu wehren wie gegen einen Drachen zu kämpfen.

Es empfiehlt sich, die alten Mythen und Märchen daraufhin noch einmal zu lesen. So viel sei jedoch jetzt schon gesagt: Die Helden haben es schwer, aber sie bestehen alle Schwierigkeiten und das Ende ihrer Geschichte geht gut aus.

»Ich liebe eine andere«

Ich möchte behaupten, dass es kaum eine langjährige Beziehung gibt, in der nicht einer der beiden einmal ausscheren wollte. Wenn man sich und den Partner gut kennt, kann eine Beziehung leicht langweilig werden und ein neuer Partner oder eine neue Partnerin bringen da zweifellos Abwechslung. Solche Nebenbeziehungen zeigen immer auf, was in der langjährigen Beziehung zu kurz kam: vielleicht das gemeinsame Gespräch, vielleicht die körperliche Lust, vielleicht das Verwöhntwerden und Angenommensein. Untreue zu verdammen ist daher, wie wenn wir mit dem ausgestreckten Zeigefinger auf den anderen zeigen: Drei Finger zeigen dabei immer auf uns selbst zurück.

Es gibt weder eine Regel dafür, ob und wie solche Beziehungen enden, noch darüber, was das Ausscheren bewirkt. Manchmal unterhalten Männer über viele Jahre eine heimliche Nebenbeziehung, die nie aufgedeckt wird. Und manchmal haben auch Frauen einen Geliebten, dem sie bis ins hohe Alter treu sind, wie Benoîte Groult das in ihrem Roman *Salz auf unserer Haut* beschreibt. Wir wissen von Kulturen, in denen Männer mehrere Frauen haben, und anderen, in denen sich mehrere Männer eine Frau teilen. Es hängt immer von den Menschen ab, die in eine solche Beziehung verstrickt sind. Zwischen Mord und Harmonie zu dritt ist so gut wie alles möglich. Eines ist jedoch ganz sicher: Das Selbstbewusstsein aller Beteiligten spielt dabei eine große Rolle. Der klassische Fall, dass der alternde Mann sich in eine jugendliche Verführerin verliebt und seine Ehefrau ein Eifersuchtsdrama inszeniert, ist längst nicht mehr alltäglich. Auch junge Mütter können einen Lover finden. Untreue ist längst kein Privileg der Männer mehr. Einige freche Romane der Gegenwartsliteratur können Frauen helfen, zu ihren Bedürfnissen zu stehen oder überhaupt erst einmal herauszufinden, was sie vermissen. Zum Glück sind Frauen heute (in den meisten Fällen) nicht mehr finanziell von ihren Männern abhängig.

Wenn mein Mann eine Geliebte hat – oder umgekehrt –, kann ich zunächst nur eines tun: zu meinen Gefühlen und Bedürfnissen stehen. Entweder liebe ich diesen Mann – egal, was er tut, oder ich setze ihn sofort vor die Tür. Nach dem Motto: ganz oder gar nicht. Später gelingt es mir vielleicht, meine Gefühle zu hinterfragen oder meine Bedürfnisse kritisch zu durchleuchten. Will ich vielleicht nur aus Gewohnheit mit ihm zusammenbleiben? Habe ich nur Angst, das gemeinsame Haus zu verlieren? Oder denke ich nur daran, was »die Leute sagen« werden?

Letztlich wird immer die Liebe siegen, nur braucht es manchmal viel Zeit, um herauszufinden, was

Liebe ist. Die Liebe zu mir selbst hilft mir jedoch immer, mich zu schützen und es mir selber gut gehen zu lassen – mit oder ohne Mann (oder Frau). In vielen Fällen wiegt die Sache gar nicht so schwer: Mann oder Frau merken, dass sie nur eine Affäre gesucht haben und ein Abenteuer wollten. Sie versöhnen sich mit ihrem langjährigen Partner, tauschen sich gründlich aus und entdecken neue Seiten aneinander. Oft haben sie dann auch bemerkt, welche Schwächen der oder die Geliebte hatte, oder dass andere auch »nur mit Wasser kochen«. Es hilft, sich von neuem in »den Alten« zu verlieben.

Kompliziert wird die Sache – und das sollte jeder, der Abenteuer sucht, bedenken –, wenn die neue Frau oder der neue Mann ganz neue Türen in mir öffnet und mir unvergessliche Erlebnisse beschert, die alte Beziehung aber auch noch sehr attraktiv ist, zumal gemeinsame Kinder, ein gemeinsames Haus und ein gemeinsames Lebenskonzept vorhanden sind. In einem solchen Fall werden alle drei ziemliche Qualen ausstehen müssen – und natürlich auch ungeahnte Höhepunkte erleben. Nur ein seichtes Leben ist ungefährlich – aber auch langweilig.

Nicht jeder ist auf Grenzüberschreitung aus oder »scharf« aufs seelische Achterbahnfahren. Auf der einen Seite steht die Verantwortung für die Familie und die Kinder, auf der anderen das Recht auf persönliches Glück und neue Erfahrungen, die ja im Prinzip auch jeder mit seinem langjährigen Partner und seiner Familie machen kann. Eine

Entscheidung schließt immer auch Scheidung und das Loslassen von bestimmten, mir lieb gewordenen Vorstellungen und Gewohnheiten ein. Bei jeder Entscheidung empfinden wir auch Schmerz über das, was wir verlassen und aufgeben.

Manchmal kann es helfen, wenn wir vor dem Einschlafen um Träume oder Gedanken bitten, die unsere verfahrene Situation erhellen. Auch Gespräche mit neutralen Personen sind immer nützlich.

Wie immer wir uns im Leben verhalten oder entscheiden – wir müssen die Konsequenzen bedenken. Konsequenzen hat eine Trennung auch immer für die Kinder. Ein Kind liebt beide Eltern und möchte Vater und Mutter behalten. Weil aber Kinder niemals eine Ehe retten können, sollten Erwachsene so viel Verantwortungsgefühl besitzen, ihre Streitpunkte nicht auf Kosten der Kinder oder über die Kinder auszutragen. Wenn Erwachsene das allein nicht schaffen, können sie sich Hilfe holen.

Ich empfehle den Hinundhergerissenen auch, sich für den einen wie den anderen eine Art Altar, zumindest aber ein Symbol im Raum aufzubauen. Der Unentschlossene sollte sich dann abwechselnd vor dem einen und dem anderen Symbol hinsetzen und sich mit beiden ein gemeinsames Leben ausmalen und dabei alle Gedanken, Gefühle und Körperreaktionen genau wahrnehmen. Wahrscheinlich wird er bei dem einen Symbol heftigere Gefühle empfinden, die ihm eine Entscheidung erleichtern.

Wenn Paare sich trennen, ist das immer mit Schmerz verbunden. Gemeinheiten, Hass und Beleidigungen sind überflüssig und schädlich für alle. Sie haben immer mit Angst und mangelnder Achtsamkeit zu tun. Wenn wir innehalten, unseren Atem beobachten und schauen, was gerade in uns vorgeht, kann es uns leichter gelingen, wieder Frieden zu finden.

Haben Sie sich für eine Trennung entschieden, sollten Sie mit dem Partner, den Sie verlassen, ein Abschiedsritual durchführen. Wenn zwei Menschen im Hass auseinander gehen oder die Beziehung nicht deutlich und klar beenden, bleiben sie erfahrungsgemäß negativ miteinander verbunden. Allerdings kann dieses Ritual erst stattfinden, wenn Wut, Hass und Schuldzuweisungen nicht mehr im Vordergrund stehen und beide ihre Anteile an dem Trennungsprozess einsehen.

Für mich gehört zu einem solchen Ritual das Danken für die gemeinsame Zeit und die Schätze, die die gemeinsame Zeit für beide enthält. Sie könnten zum Beispiel das, wofür Sie danken wollen, aufschreiben und Ihrem Partner in einer schönen Form übergeben. Sie können auch einfache klare Sätze sprechen wie: »Ich danke dir für das, was du mir gegeben hast. Ich würdige dich als einen Menschen, mit dem ich ein Stück meines Weges gemeinsam gegangen bin. Als Partnerin verabschiede ich mich nun von dir.«

Mit einem Abschiedsgeschenk kann man das Gute an der gemeinsamen Zeit noch einmal würdigen. Mathias schenkte Hanna zwei Jahre nach ihrer

Trennung ein vergoldetes Ginkoblatt. Dieses Blatt zeigt wie kein anderes aufgrund seiner gespaltenen Form das Getrenntsein, gleichzeitig ist es ein Symbol der Hoffnung und auch der Ganzheit – denn auch nach der Trennung sind wir als Menschen mit allem verbunden, gehören der großen Lebensgemeinschaft auf diesem Planeten an.

»Du hilfst mir nie!«

Die gerechte Aufteilung der täglichen Arbeiten ist in der Familie unumgänglich. Je genauer hier Absprachen getroffen werden, desto konfliktfreier ist das Zusammenleben. Wenn frau merkt, dass sie unverhältnismäßig viel tut, muss sich die Familie zusammensetzen. Erst wenn der Hauptlastenträger die Arbeit verweigert, kann sich etwas ändern. Das ist bei Tarifverhandlungen nicht anders. Von selbst gibt es keine besseren Bedingungen. Ich habe bei vielen Frauen beobachtet, dass sie zwar ständig vor sich hin nörgeln, aber immer so weitermachen wie bisher. Dieser Weg führt zu keinen Veränderungen.

Mit der Familienkonferenz hat Thomas Gordon uns ein Mittel an die Hand gegeben, das derartige Konflikte lösen hilft.

Zunächst werden alle »Beschwerden« schriftlich festgehalten. Hierzu ist es praktisch, an alle Beteiligten (also auch an ältere Kinder, die schon schreiben können) Zettel auszuteilen, die beschriftet und dann geordnet werden. Aus diesen Beschwerden werden dann all die ausgewählt, die alle Beteiligten am meisten betreffen. Hierfür sind Markierungspunkte geeignet (jeder Teilnehmer erhält zum Beispiel drei oder fünf Punkte, die er hinter die Themen klebt, die ihn am meisten interessieren). Zur Veranschaulichung mag folgendes Beispiel dienen.

Nehmen wir einmal an, der Zettel »Ich finde, unser Bad ist zu dreckig« erhält die meisten Stimmen. Es werden Lösungsvorschläge gemacht – jede Idee wird wieder auf Zetteln festgehalten. Aus diesen wird wieder der beste Vorschlag ausgewählt und die auf diese Weise gefundene Lösung zunächst für einen festgelegten Zeitraum erprobt. Hat man zum Beispiel drei Wochen ausprobiert, ob es klappt, wenn jeder in der Familie täglich im Bad eine bestimmte kleine Pflicht übernimmt, setzt man sich erneut zusammen und hält Rückschau.

War die Lösung untauglich, muss eine neue erprobt werden. Hat es geklappt, können sich alle in der Gewissheit gratulieren, dass Probleme wirklich lösbar sind.

Manchmal bekomme ich von Frauen zu hören: »So etwas macht mein Mann nicht mit!« Ich kann dann nur antworten: »Lass ihn selber Vorschläge machen!« Wenn keine kommen oder seine Vorschläge nicht akzeptabel sind, weil sie der Frau keine Erleichterung bringen, muss sie daraus ihre Konsequenzen ziehen. Viele Frauen sind nicht dazu bereit, weil sie keinen Ärger – und auch keine Trennung wollen. Wer sich bewusst gegen Konsequenzen entscheidet, darf dann aber auch nicht klagen. Wenn eine Frau nichts unternimmt, glaubt sie offenbar, sie hätte es nicht besser verdient.

Wenn Männer – so meine Erfahrung – merken, die Frau meint es wirklich ernst, sind sie durchaus zu Veränderungen bereit. In meiner Sprechstunde habe ich viele Männer weinen sehen, deren Frauen einfach das Weite gesucht haben, ohne zuvor um ihre Rechte gekämpft oder den Männern noch eine Chance gegeben zu haben. Diesen Männern tat es Leid – aber leider zu spät. Ich bin der Überzeugung, dass manche Männer tatsächlich Nachhilfeunterricht brauchen.

Chaos im Kinderzimmer

Ulrich war ein Junge, der Lego immer nur auf einem Tablett spielen durfte. Da ich selber drei Söhne hatte, die irgendwann ins Legoalter kamen, blieb mir immer ein Rätsel, wie Ulrichs Mutter das schaffte – und im Übrigen fand ich es schrecklich! Ein Tablett behindert und grenzt ein, wo Kreativität gefragt ist.

Damals wusste ich allerdings noch nicht, dass ich Jahre später mehrere Tage brauchte, um das Legomaterial meiner drei Söhne zu sortieren. Und dann habe ich alles verkauft! Aber Chaos im Kinderzimmer ist mir allemal lieber als Einschränkung von Spielen, die naturgemäß Chaos verursachen. So haben meine Kinder nicht selten das Sofa zu einem Segelschiff umgestaltet und den Tisch zur Pirateninsel. Und natürlich quoll auch aus unseren Zimmern jene »Ursuppe aus Legosteinen, Puppenarmen, Bonbontüten, Bekleidungsfetzen«, die Axel Hacke so köstlich in seinem *Kleinen Erziehungsberater* beschreibt. »Wenn zum Beispiel Antje und ich den Max in einem rücksichtsvollen, intensiven Gespräch bitten, ein wenig Ordnung in seinem Zimmer zu schaffen, pflegt er wie ein vom Blitz gefälltes Bäumchen umzufallen, die Augen zu verdrehen und laut die Worte ›immer!‹ und ›muss!‹ und ›ich!‹ und ›aufräumen!‹ hinauszuweinen.«

Wie alle Eltern haben wir mal gezetert und mal resigniert. Wir haben unseren Kindern mal beim Aufräumen geholfen und mal nicht. Wir haben auch verschiedene Tipps dankbar aufgenommen wie: Gurkengläser für kleine Teile aufstellen oder ein Handwerkerkästchen mit vielen Schubladen dafür kaufen. Oder: bestimmte Spielsachen von Zeit zu Zeit wegzuräumen, damit die Kinder nicht zu viel haben und den Überblick verlieren. Wir haben für jedes Kind einen eigenen Wäschesack eingeführt und Körbe gekauft, in denen Spieltücher oder Bälle aufbewahrt wurden. Kurz, wir haben allerhand unternommen, damit das Chaos nicht überhand nahm. Aber wir haben nicht verhindern können, dass sich auch bei uns, wie bei Axel Hacke nachzulesen ist, unbelebte Materie auf unerforschliche Weise fortpflanzte: »Siku-Autos treiben es mit Überraschungseiern, Kaugummipapier kopuliert mit Nimm-Zwei-Bonbons, Batmanfiguren gebären Kinderpoststempel, Ventile von Kinderfahrrädern vereinigen sich mit Schwimmflügeln, aus dem Schoß einer Schildkrötpuppe kriechen Buntstifte, uralte zerbissene

Schnuller paaren sich mit den Resten geplatzter Luftballons.«

Nach zwanzig Jahren Zusammenleben mit Kindern kann ich allerdings ganz nüchtern feststellen: Kinder werden ordentlich oder bleiben unordentlich – unabhängig davon, wie wir uns gebärden.

Natürlich kann man Kinder zur Ordnung zwingen – ordentlich werden sie dadurch jedoch nicht. Ich bin es auch nicht geworden – obwohl mein Mann sich erst nach über zwanzig Jahren Ehe langsam daran gewöhnt.

Dennoch haben unsere Söhne inzwischen jederzeit vorzeigbare Zimmer – und das ist ganz von selbst geschehen. Irgendwann findet jedes Kind seinen Stil. Und meine Tochter hat zumindest in ihrem Schmink- und Schmuckregal eine akribische Ordnung, die sie unmöglich bei mir abgeguckt haben kann.

Was ich für wichtig halte, ist, Kindern Ästhetik nahe zu bringen. Sie Schönheit erfahren zu lassen. Zum Beispiel in Ausstellungen, Büchern und Zeitschriften über Design und Wohnraumgestaltung oder in der Wohnung anderer Leute. Beispiele anderer machen Spaß und regen an. Anregend sind auch die Erfahrungen, die andere gemacht haben. Empfehlenswert ist zum Beispiel das sehr gelungene Buch von Hermann Krekeler mit dem Titel *Chaos im Kinderzimmer.*

Streit ums Aufräumen lohnt sich ganz sicher nicht. Wenn Sie das Chaos nicht mehr aushalten – reden Sie über Ihre Bedürfnisse. Stellen Sie gemeinsam Regeln auf. Verbinden Sie Aufräumen und Putzen mit etwas Angenehmem. Essen Sie zum Beispiel anschließend eine große Packung Eis oder gehen Sie ins Kino. Vor allem aber: Bewahren Sie sich Ihren Humor!

»Du mit deinem Esoterik-Spleen!«

Manchmal entwickelt einer der beiden Partner eine ganz neue Leidenschaft. Da interessiert sich eine Frau plötzlich für Astrologie, ein Mann will unbedingt bei den Grünen mitmachen oder im Sommer auf der Alm Käse herstellen. Eine Frau entdeckt ihre Liebe zum Gärtnern und ein Mann will auf einmal Kanu fahren oder Schafe züchten. Ich halte es für unerhört wichtig, solche Leidenschaften in der Partnerschaft zu unterstützen, und ich glaube, dass meine eigene Ehe u.a. deshalb so lebendig ist, weil wir unseren Leidenschaften gegenseitig immer viel Raum gegeben haben. Vor allem haben wir uns nie über eine »neue Marotte« lustig gemacht, wie ich das aus manchen anderen Beziehungen kenne. Wenn sich ein Mensch einen Traum erfüllt, zum Beispiel Gesangsstunden zu nehmen oder Reiten zu lernen, dann erfüllt er oder sie sich damit meistens eine ganz tiefe Sehnsucht. Wer solche Sehnsüchte und Träume lächerlich macht oder missachtet, verletzt den anderen immer tief. Manchmal trennen sich Paare auch deshalb, weil einer etwas macht, was der andere lächerlich findet.

Maren ist Sportlehrerin und seit zwölf Jahren verheiratet. Ihr Mann kümmert sich vorbildlich um seine beiden Kinder und hilft auch im Haushalt. »Eigentlich könnten wir ein glückliches Leben führen«, sagt Maren, »aber Kurt kann einfach nicht verstehen, dass mir Yoga so viel bedeutet.« »Hindert er dich denn, zu deinen Yogakursen zu gehen?«, frage ich. »Nein, überhaupt nicht. Aber er macht sich ständig darüber lustig. Er zieht mich immer damit auf und behauptet, ich hätte einen ›Esoterik-Spleen‹.« Das verletzt Maren tief und ich kann sie verstehen. Kurt verteidigt seine Haltung zunächst und behauptet, dass Yoga ja auch albern sei. Schließlich kommt aber heraus, dass Kurt sich überhaupt nicht anerkannt fühlt und diese Sticheleien für ihn ein hilfloses Mittel sind, von Maren, die im Leben schon viel erreicht hat, mehr Anerkennung und Beachtung zu bekommen. Dies war auch immer Thema zwischen seinem Vater und ihm. Kurt war seinem Vater nie gut genug und er fühlt sich auch jetzt nicht anerkannt. Wenn Maren mit Kurt zusammenbleiben will, muss sie ihm mehr Achtsamkeit entgegenbringen und ihm vor allem mehr Anerkennung zuteil werden lassen, zumal ihre Kinder jetzt in einem Alter sind, wo sie schon sehr viel selbständig unternehmen. Kurt selber muss sich aber auch neuen Aufgaben zuwenden, die ihm zeigen, dass er etwas kann und darstellt. Vor allem muss er Maren tolerieren und seine Bemerkungen für sich behalten, wenn er mit ihr zusammenbleiben möchte.

Mitbestimmung für alle?

Beziehungen haben auch immer mit Macht zu tun. Deshalb müssen in einer liebevollen Beziehung Macht und Ohnmacht gerecht verteilt sein. Wenn Sie einmal überprüfen, wer in Ihrer Familie über was bestimmt, stellen Sie vielleicht fest, dass jeder bestimmte Bereiche hat, in denen er oder sie entscheiden darf. Das fängt bei den Kindern an: Dürfen sie zum Beispiel selbst bestimmen, was sie anziehen? Dürfen sie sich bestimmte Gerichte zum Essen wünschen oder das Ziel eines Sonntagsausflugs? Dürfen sie bei der Aufteilung der Hausarbeit mitreden? Dürfen sie über die Höhe ihres Taschengeldes mitbestimmen und selber festlegen, was sie damit machen? Dürfen sie entscheiden, wann sie ihr Zimmer aufräumen? Es gibt viele Dinge, vor denen wir unsere Kinder schützen müssen: ungesunde Nahrung, Drogen, Medien, Konsumzwang – und da müssen wir dann auch ein »Machtwort« sprechen, solange sie noch Kinder sind. In anderen Bereichen ist es aber wichtig, sie eigene Erfahrungen machen zu lassen und ihnen Souveränität zuzugestehen.

Manchmal bestimmen die Kinder zu viel und wenn Sie zu den Familien gehören, in denen viermal in der Woche Nudeln und dreimal Fischstäbchen gegessen werden, dann ist das keinesfalls richtig.

In vielen Familien haben die Kinder aber auch zu wenig zu sagen und das ist zu einer Zeit, da viele Kinder wie kleine Erwachsene leben müssen, nicht angemessen. Wissenschaftler wie Klaus Hurrelmann halten die Kindheit für eine Lebensphase, die in unserer Gesellschaft kaum noch geschützt ist. Zu Recht wird verlangt, dass die Kinder in der Folge auch mehr Mitbestimmungsmöglichkeiten erhalten müssen. Mit den Methoden der Familienkonferenz und der Zukunftswerkstatt erhalten alle Familienmitglieder die Möglichkeit der Mitbestimmung. Mitreden darf jeder, der reden kann. Schriftliche Aufgaben können natürlich nur schreibkundige Kinder mitmachen. Wichtig ist, dass sich die Menschen in einer Gemeinschaft wie der Familie ernst genommen und anerkannt fühlen.

Das ist leider auch bei Paaren nicht immer selbstverständlich. Überprüfen Sie einmal, wer in Ihrer Partnerschaft über was bestimmt und ob Sie dabei ein gutes Gefühl haben. Oft gibt es in Beziehungen »dominante« Personen – das können der Mann oder die Frau sein – und es mag vorkommen, dass sich der untergebene Partner wohl dabei fühlt. Leidet derjenige aber still vor sich hin, wird es früher oder später zu einer Krise kommen, die sich auch in der »Macht der armen Opfer« zeigen kann. So bekommt vielleicht eine jahrelang geduldige Mutter plötzlich Herzattacken, wenn ihr Sohn ausziehen will, oder der Mann ein Magengeschwür, das er seiner Frau in die Schuhe schiebt. Wohl fühlen wir uns dann – und das ist auch eine wichtige Voraussetzung für liebevolle Beziehungen –, wenn zwischen Geben und Nehmen, zwischen Macht und Ohnmacht ein Gleichgewicht

herrscht. Familienleben ist ein Balanceakt! Zu dem
Spiel »König und Diener« gehören immer zwei –
und Spaß macht es nur, wenn auch die Rollen
gewechselt werden.

Rituale der Stille

Wenn Sie das aufgewühlte Meer mit Gischt und Schaumkronen sehen, können Sie kaum glauben, dass tief unten im Ozean die Stille wohnt.

An einem Regentag können wir uns schwer vorstellen, dass hinter den Wolken die Sonne in einen blauen Himmel strahlt.

Und wenn wir vor Wut über unsere Liebsten kochen, können wir nicht glauben, dass sie auch andere, wunderbare Züge und gute Eigenschaften haben.

Das, was wir gerade jetzt im Augenblick wahrnehmen, halten wir oft für die einzige Realität und doch stimmt das nicht.

Wenn wir uns in unserem eigenen Wohnzimmer vorstellen, klein wie ein Staubkorn zu sein, würden wir die Welt ganz anders wahrnehmen als jetzt, beim erbitterten Teppichsaugen.

Und wenn wir uns vorstellen, hoch über unserem Haus zu schweben und unsere Kinder und Partner wie winzige Punkte auf der Erde zu sehen, wird unsere Wahrnehmung wieder ganz anders.

Die Erfahrung, dass es möglich ist, die Perspektive zu wechseln, ist eine sehr heilsame.

Die heilsamste Erfahrung überhaupt ist für mich die Entdeckung der Stille. Sie ist gleichbedeutend mit der Entdeckung der Liebe, die in der Stille oder hinter der Realität wohnt.

Die meisten von uns bauen heute ganz auf Ablenkung und Verdrängung. Wir glauben, wir müssten dem Glück hinterherjagen. Das Gegenteil ist der Fall. Wir können es in uns selber finden, wenn wir nur bereit sind, genau dort und nicht woanders zu suchen. Dieses Glück ist die universelle Lebensenergie, die Kulturen unterschiedlich benannt haben. »Prana« oder »Chi« sind solche Begriffe. Ich nenne es einfach Liebe.

Rituale der Stille können uns helfen, das Gleichgewicht in uns selber aufrechtzuerhalten und die Liebe im Alltag nicht nur zu entdecken, sondern auch zu leben. Natürlich wird es uns immer nur etappenweise gelingen, mehr Liebe in unser Leben zu bringen, aber jede positive Erfahrung, die wir machen, wird uns anspornen, achtsamer zu werden. Das Leben ist ein Schulungsweg. In der Stille können wir uns immer wieder neu orten – unseren gegenwärtigen Stand ausmachen und unserem Ziel zulächeln.

Es spielt keine Rolle, ob Sie morgens oder abends, mittags oder nachmittags einfach still werden, ob Sie mit dem Fahrrad in einen Park fahren, sich auf einen Teppich legen oder auf Ihrem Meditationskissen sitzen. Stille ist ein Geschenk, das Sie sich nehmen dürfen, und Ihr tägliches Ritual wird Ihnen helfen, jene Liebe in Ihr Leben zu bringen, nach der wir uns alle so sehnen.

Mein Ort der Kraft

Wir brauchen alle einen Ort, an dem wir innehalten, uns sammeln und abschalten können. Nehmen Sie sich also die Zeit, inmitten Ihres alltäglichen Chaos so einen Ort einzurichten. Sie sollten dort möglichst auf dem Boden sitzen können, eine Blume oder Pflanze stehen haben, eine Kerze und vielleicht noch einen Stein oder ein Bild. Verteidigen Sie diesen Platz gegen alle Störungen! Das ist Ihr gutes Recht!

Sie dürfen an diesen Ort gehen, wann immer Sie das Gefühl haben, dass es an der Zeit ist. Auch wenn Sie nur zwei Minuten dort verharren, hilft das schon. Optimal wäre eine Zeit von täglich zwanzig Minuten oder mehr. Wenn Sie kleine Kinder haben, die Sie nicht in Ruhe lassen: Erklären Sie ihnen, was es mit diesem Platz auf sich hat. Dass Sie hier neue Kraft schöpfen. Reagieren Sie nicht, wenn das Kind einmal versucht, Sie dort zu stören, sondern bleiben Sie einfach in Ihrer meditativen Haltung sitzen. Oft setzt sich ein kleines Kind ganz still dazu und geht nach einer Weile wieder. Kinder sind sehr empfänglich für die »Nahrung der Stille«. Und sie können noch lauschen.

Sagen Sie sich auch immer wieder, dass jede Ablenkung, jede Störung Ihnen nur hilft, sich noch tiefer zu entspannen. Das ist tatsächlich so. Und je öfter wir aus einer Meditation herausgerissen werden, desto leichter kommen wir auch wieder hinein.

Ob wir täglich meditieren, ist eine Frage der inneren Einstellung und nicht unserer Lebensumstände.

Meditieren – aber wie?

Genauso wie es für jedes Problem verschiedene Lösungen gibt, gibt es auch verschiedene Wege der Meditation. Sie sind alle wirksam – aber jeder muss seinen eigenen, ganz persönlichen Weg finden. Als ich vor vielen Jahren in einer kleinen Gruppe mit Meditation begann, wurde mir keinerlei Anleitung gegeben. Das war insofern gut, als ich auf diese Weise erfahren habe, dass es auch ohne Anleitung geht. Anweisungen sind als Hilfen gedacht – sie können aber auch verwirren. Lassen Sie das nicht zu und vertrauen Sie sich selbst.

Zwei Dinge sind beim Meditieren wichtig: der Kontakt zum Boden in aufrechter Haltung und der Kontakt nach oben – der auch im Liegen stattfinden kann. Auf diese Weise sind wir immer mit den Energien der Erde und den Energien des Kosmos verbunden. Allein das gibt uns Kraft.

Der Atem, unser Lebenselixier, verbindet uns mit beidem. Wir können also in der Meditation auf den Atem achten, darauf, wie er kommt und geht, ganz von allein.

Der Atem verdeutlicht: Du musst nichts tun – es geschieht alles von selbst. Lass es geschehen.

Wenn wir uns von Gedanken gestört fühlen, kann es helfen, zu tönen. Mit dem Ausatmen singen wir dann einen Vokal.

Eine ähnliche Funktion haben Mantras, Silben oder Worte, die wir innerlich vor uns hin sagen. Mantras der altindischen Sprache Sanskrit haben eine besondere Wirkung, weil diese Silben seit

Jahrtausenden benutzt werden und auf entsprechend heiligen Erfahrungen beruhen. Unser ganzer Körper schwingt im Tanz der Atome. Bestimmte Silben können diese Schwingungen auf heilsame Art verändern. Probieren Sie die folgenden Mantras aus. Die erste Silbe wird beim Einatmen, die zweite beim Ausatmen innerlich gesprochen:

So-Ham: Ich bin.

Ma-Om: Ma ist die göttliche, allumfassende bedingungslose Liebe; Om der Weltenklang, die heilige Silbe, die in allem schwingt.

Sprechen Sie diese Silben so oft, bis Sie das Gefühl haben, ruhig zu sein, und treten Sie dann in die Stille, die Sie sich wie einen besonderen Raum vorstellen können, ein.

Wenn Sie die Meditation beenden, öffnen Sie die Augen, nehmen Sie sich Zeit, um sich zu recken und zu strecken und noch ein wenig zu ruhen, bevor Sie sich wieder Ihren Aufgaben zuwenden.

Morgenmeditation

Wer sich jeden Morgen Zeit nimmt, den Tag im Geiste zu planen, zu entscheiden, was heute wichtig ist, und die eigene Achtsamkeit zu aktivieren, wird sich schon nach kurzer Zeit besser fühlen. Treibend im Strom statt getrieben, ruhig statt gehetzt. Es spielt keine Rolle, ob wir diese Morgenmeditation bewusst im Bett, auf dem Meditationskissen oder unter der Dusche vollziehen – wichtig ist, sich im Geiste Platz dafür zu schaffen und Zeit dafür zu nehmen. Beginnen Sie den Tag niemals mit Befehlen, die Sie sich selber und anderen geben, sondern reden Sie sich gut zu, bitten Sie um Schutz und Führung und achten Sie auf die Qualität des Mitgefühls, das Sie sich und anderen schenken.

Lächle deinem Herzen zu

Eine der wirkungsvollsten Meditationsübungen ist für mich das Anlächeln, das Thich Nath Hanh in seinem gleichnamigen Buch beschreibt.

Wir nehmen dazu einen aufrechten Sitz ein, achten auf unseren Atem, wie er kommt und geht, und atmen alles Belastende aus unserem Körper heraus.

Wie in jeder Meditation bewerten wir nichts und lassen auftretende Gedanken und Sorgen einfach vorbeiziehen. Nun beginnen wir, uns selber zuzulächeln – uns, mit all unseren Fehlern und Schwächen, Begierden und Leidenschaften, mit allen Fähigkeiten, Ängsten und Sorgen.

Nach einer gewissen Zeit fangen wir an, wieder Hände und Füße zu bewegen, uns zu recken und zu strecken und gestärkt an unsere Aufgaben zu gehen.

Im Stillen verändern

Manchmal möchten wir in unserem Leben oder an uns selbst etwas verändern. Das ist immer sehr schwer. Es gibt aber nur einen Weg, Veränderungen herbeizuführen. Wir müssen bei uns selbst anfangen! Eine kleine Hilfe kann dabei folgendes Ritual sein.

Formulieren Sie für sich selbst genau, was Sie verändern wollen. Benutzen Sie dabei die Gegenwartsform und formulieren Sie Ihre Ziele positiv.

Ich finde eine Halbtagsstelle.
Ich esse täglich zwei Äpfel.
Ich gönne mir jeden Mittag eine Pause.
Ich spiele Klavier.
Ich spreche freundlich mit meinen Kindern.
Ich nehme meine Rechte wahr.

Es kann sinnvoll sein, sich diese Sätze aufzuschreiben, damit Sie sie gut in Erinnerung behalten.

In den nächsten Tagen machen Sie sich auf die Suche nach einem Gegenstand, der die Veränderung symbolisiert. Für das freundliche Sprechen können Sie sich zum Beispiel eine Sonne aufmalen oder eine Holzsonne kaufen, die Sie in einen Blumentopf stecken. Für Ihre Halbtagsstelle basteln Sie sich eine Goldkrone, die Ihnen sagt, dass Sie diese Halbtagsstelle verdient haben, und wenn Sie sich ein Klavier wünschen, wählen Sie vielleicht ein Spielzeugklavier aus der Puppenstube aus. Auf einem längeren Spaziergang finden Sie sicherlich auch etwas Geeignetes, Ihr Symbol. Lassen Sie sich Zeit dafür.

Anschließend geben Sie diesem Symbol einen besonderen Platz, zum Beispiel auf einem Seidentuch auf der Fensterbank oder auf Ihrem Frühstückstisch.

Richten Sie nun mindestens dreimal täglich oder auch öfter den Blick auf dieses Symbol und sagen Sie sich im Inneren Ihren Satz mindestens dreimal vor. Das kann auch laut geschehen.

Lassen Sie Ihr Symbol solange dort liegen, bis die Veränderung eingetreten ist. Dann bedanken Sie sich und legen es an seinen ursprünglichen Platz – zum Beispiel in die Natur – zurück.

Baum meiner Selbstachtung

Manchmal besteht die Gefahr, dass wir uns schlecht und wertlos fühlen, uns verurteilen und unserer Kraft berauben.

In solchen Situationen tut es gut, den »Baum meiner Selbstachtung« zu malen. Sie können das allein, mit Ihrem Partner gemeinsam oder auch mit Ihren Kindern tun. Gesprochen werden sollte erst hinterher, wenn alles vollbracht ist. Nehmen Sie Aquarell- oder Tuschfarben, Wachs- oder Buntstifte und malen Sie auf ein großes Papier einen kräftigen Baum, mit Wurzeln und Krone.

Sie können den Baum wie folgt beschriften: In die Wurzeln schreiben Sie, was Sie im Leben schon alles erreicht haben. Zum Beispiel die Kaufmannsgehilfenprüfung abgelegt, den Führerschein bestanden, Kochen gelernt, ein Kind geboren, eine Stelle gefunden, dem Sohn Sprechen beigebracht usw.

In die Krone schreiben Sie, was Sie sich für Ihr Leben wünschen: Gesundheit, liebevolle Beziehungen, konstruktive Konfliktlösung, einen interessanten Beruf, Klarinettenunterricht usw.

In den Stamm können Sie Ihnen wichtige Werte schreiben: Humor, Offenheit, Großzügigkeit usw. Wenn das Bild fertig ist, geben Sie ihm einen geeigneten Platz und schauen es immer wieder an. Wenn Sie den Baum mit anderen Familienangehörigen gemalt haben, tauschen Sie sich darüber aus und betrachten Sie Ihre Bäume – ohne Bewertung und Kommentar – gegenseitig.

Königin in meinem Reich

Die folgende Vorstellung ist sinnvoll, wenn wir uns vom Leben hierhin und dorthin geschubst fühlen und das Gefühl haben, nicht mehr Herr der Lage zu sein.

Atmen Sie tief aus und gönnen Sie sich ein paar ruhige Atemzüge. Stellen Sie sich vor, Sie seien eine Königin oder ein König. Ihre Haltung strahlt Würde aus. Ihre Garderobe ist vornehm und edel. Ihre Robe schützt Sie und umhüllt Sie weich. Ihre wertvolle Krone unterstreicht, dass Sie auserwählt und etwas Besonderes sind. Sie regieren mit Güte und Liebe in Ihrem Reich.

Stellen Sie sich nun einen Garten vor, den Sie gestalten. Geben Sie Ihren Dienern klare Aufträge, wie zum Beispiel: Hier werden duftende Rosen gepflanzt, dorthin kommt eine blaue Bank. Hier soll der Springbrunnen plätschern. Dort wird es ein Versteck geben, das nicht jeder sofort einsehen kann. Diese Blutbuche soll auf dem Hügel stehen. Usw. Fahren Sie mit der Gestaltung Ihres Gartens solange fort, bis sich ein wohliges Gefühl in Ihnen ausbreitet. Schicken Sie jeder Pflanze Ihre besondere Liebe, indem Sie sie persönlich wässern und dabei sprechen: Möge es dir gut gehen.

Betrachten Sie zum Abschluss Ihr Werk mit Zufriedenheit. Nehmen Sie die besondere Ausstrahlung dieses Gartens wahr.

Behalten Sie dieses Bild in Ihrem Herzen und kehren Sie mit der Würde einer Königin oder eines Königs zurück in den Alltag.

Abschiedssegen

Wenn die Zeit des Abschieds kommt, machen wir uns leicht Sorgen und empfinden oft Schmerz. Wenn zum Beispiel unser Kind in den Kindergarten geht und wir zurückbleiben oder es die erste Klassenfahrt vor sich hat. Wenn ältere Kinder nachts ausgehen, werden wir unruhig. Wenn Kinder krank sind, leiden wir mit ihnen und haben Angst um sie. Wenn unser Partner mit dem Auto fährt, machen wir uns Sorgen und erst recht, wenn er sich für eine längere Dienstreise verabschiedet.

Die folgende Übung kann uns helfen, Angst in Vertrauen zu verwandeln und unserem Liebsten eine schützende Hand mitzugeben.

Setzen oder legen Sie sich entspannt hin und machen Sie es sich so bequem wie möglich. Achten Sie auf Ihren Atem, wie er kommt und geht, ganz von allein. Stellen Sie sich in Ihrem Inneren einen Filter vor, der Ihre Angst beim Einatmen in goldenes Licht transformiert. Beim Ausatmen strömt dieses goldene Licht aus Ihnen heraus. Stellen Sie sich vor, wie sich dieses goldene Licht allmählich um Sie herum ausbreitet.

Hüllen Sie nun die Person, um die Sie sich sorgen, mit diesem Licht ein. Sprechen Sie zu sich selbst: »Alles ist gut. Du bist geschützt. Ich liebe dich.« Atmen Sie während dieser Vorstellung und dieser Sätze so lange weiter, bis Sie sich erleichtert fühlen. Dann recken und strecken Sie sich wieder und kommen erfrischt zurück in den Alltag.

Abendmeditation

Allein oder mit unserem Partner, vielleicht sogar mit unseren Kindern versammeln wir uns vor dem Schlafen an unserem Kraftort. Wir werden still, achten auf unseren Atem und überdenken den Tag. Was war heute gut? Wofür bin ich dankbar? Wann habe ich mich glücklich gefühlt?

Was hat mich gestört, verärgert, was bereue ich, was klingt noch in mir nach?

Wir nehmen unsere Gefühle und Gedanken ohne Bewertung zur Kenntnis und verzeihen uns unsere Fehler. Wir bedenken unsere Lernfähigkeit.

Wir beenden dieses »Resümee« mit einem Lächeln, das wir uns selber schenken.

Anschließend können wir uns mit unseren Kindern und Partnern austauschen, wenn wir das möchten. Dabei bleibt jeder bei sich. Es werden keine Kommentare abgegeben, Bewertungen ausgesprochen oder Ratschläge erteilt.

Liebe und Mitgefühl erfüllen die Atmosphäre.

Osterwasser holen

Am Ostersonntag stehen wir vor Sonnenaufgang auf und reden kein Wort. Auch
nicht mit unseren Kindern – und diese
nicht mit uns. Schweigend fahren oder gehen wir
an eine Quelle und schöpfen dort Wasser, das wir
bei Sonnenaufgang gemeinsam trinken. Anschließend können wir ein Dankgebet sprechen und
gemeinsam frühstücken – und dann natürlich Eier
suchen.

Dieses Ritual macht auch schon kleinen Kindern
großen Spaß und lässt sich auch gut mit mehreren
befreundeten Familien durchführen.

Spirale aus Licht

In der dunklen Jahreszeit legen wir aus Steinen oder Zweigen eine große Spirale auf den Boden. Das kann draußen oder drinnen sein. Die Form ist so groß, dass wir sie abschreiten können. In das Innere der Spirale stellen wir nun so viele angezündete Teelichter, wie Menschen an dem Ritual teilnehmen. Nacheinander beschreiten wir dann schweigend die Spirale, holen unser Licht, das auf einem Tellerchen oder in einem Glas brennt, und gehen unseren Weg zurück.

Wenn alle ihr Licht haben, stellen wir uns im Kreis um die Spirale und singen ein Lied, das von Licht und Finsternis handelt. Es sollte einfach zu singen sein und sich oft wiederholen.

Anschließend können wir etwas Warmes essen und trinken, zum Beispiel Bratäpfel, Waffeln oder Holunderpunsch.

Das Feuer meiner Wünsche

Zu Silvester, zur Wintersonnenwende am 21. Dezember oder zum Sommeranfang am 21. Juni oder an einem beliebigen anderen Tag im Jahr, der für uns bedeutsam ist, entzünden wir im Freien ein Feuer. Dazu graben wir eine kleine Grube und umlegen sie mit Steinen. Es wird nicht gesprochen. Kinder und Erwachsene haben auf Zettel geschrieben, was sie sich für die kommende Zeit wünschen oder was sie loswerden wollen. Die Zettel sind natürlich geheim. Außerdem bringen wir getrocknete Kräuter oder Räucherwerk mit.

Gemeinsam mit unseren Wünschen geben wir die Kräuter ins Feuer und lassen beides zum Himmel aufsteigen. Es ist besonders schön, wenn wir dabei singen oder trommeln. Anschließend wird wieder gemeinsam gegessen oder über dem Feuer gekocht oder gebraten.

Zu diesem Ritual passt in der dunklen Jahreszeit das Taizee-Lied »Inmitten unserer Nacht entzünden wir ein Feuer, das niemals erlischt«.

Mein Geburtstag –
einmal anders

Wie wäre es, wenn Sie sich irgendwann entscheiden, Ihren Geburtstag einmal anders zu feiern? Anstatt viele Menschen zu bewirten, bewirten Sie sich selbst. Mit Stille, mit Schweigen und mit Dingen, die Ihnen persönlich gut tun. Sie fahren am Vorabend oder am frühen Morgen an einen stillen Ort Ihrer Wahl. Ganz allein. Sie denken dort – drinnen oder draußen – über Ihr Leben nach, nehmen ein Tagebuch oder einen Skizzenblock mit, vielleicht auch einen Kassettenrekorder, um auf eine Kassette zu sprechen, und halten so Ihre Gedanken fest. Was war in Ihrem Leben bisher gut? Wofür sind Sie dankbar? Was möchten Sie verändern? Was möchten Sie im Leben noch erreichen? Welche Schritte sind dazu notwendig? Worin besteht der erste Schritt? Was ist jetzt zu tun?

Es ist ganz wichtig, sich immer wieder klarzumachen, dass wir als erwachsene Menschen die volle Verantwortung für unser Leben haben und dass wir es sind, die in jeder Sekunde entscheiden können.

Es macht nichts, wenn Sie traurig werden und vielleicht anfangen zu weinen. Lassen Sie die Tränen fließen. Irgendwann können Sie sich dann sagen: Das Leben ist weder dramatisch noch melodramatisch. Es gibt keine Tragik. Nur tragische Gedanken. Und ich habe mein Leben selbst in der Hand.

Literatur

Carlson, Richard: Alles kein Problem. Das Buch für alle, die sich nicht so leicht verrückt machen lassen wollen, München 1998

Chopra, Deepak: Lerne lieben – lebe glücklich. Der Weg zur spirituellen Liebe, Bergisch Gladbach 1998

Gordon, Thomas: Die neue Familienkonferenz. Kinder erziehen ohne zu strafen, Hamburg 1993

Hacke, Axel: Der kleine Erziehungsberater, München 1992

Jungk, Robert/Müllert, Norbert R.: Zukunftswerkstätten, München 1990

Kabat-Zinn, Jon und Myla: Mit Kindern wachsen. Die Praxis der Achtsamkeit in der Familie, Freiamt 1998

Moeller, Michael Lukas: Die Wahrheit beginnt zu zweit. Das Paar im Gespräch, Reinbek bei Hamburg 1992

Preuschoff, Gisela: Ganz entspannt mit Kind und Kegel. Meditationen für gestresste Mütter, München 1997

Dies.: Kinder zur Stille führen. Meditative Spiele, Geschichten und Übungen, Freiburg, 6. Aufl. 1998

Dies.: Du und ich. Beziehungsspiele, Köln 1996

Schindler, Margarethe: Heute schon geküsst? Paare brauchen Rituale, Freiburg, 4. Aufl. 1998

Thich Nhat Hanh: Vom Glück einen Baum zu umarmen. Die Kunst des achtsamen Lebens, München 1997

Ders.: Lächle deinem eigenen Herzen zu. Wege zu einem achtsamen Leben, Freiburg, 4. Aufl. 1997

Vopel, Klaus W.: Meditationen für Manager. Emotionale Selbstverteidigung im Alltag, Salzhausen 1997